Ein Universalgelehrter der Frühen Neuzeit

Kultur- und Stadthistorisches
Museum Duisburg

DUISBURG
am Rhein

Ein Universalgelehrter der Frühen Neuzeit

Beiträge zu Leben und Werk von Gerhard Mercator

Mercator

Inhaltsverzeichnis

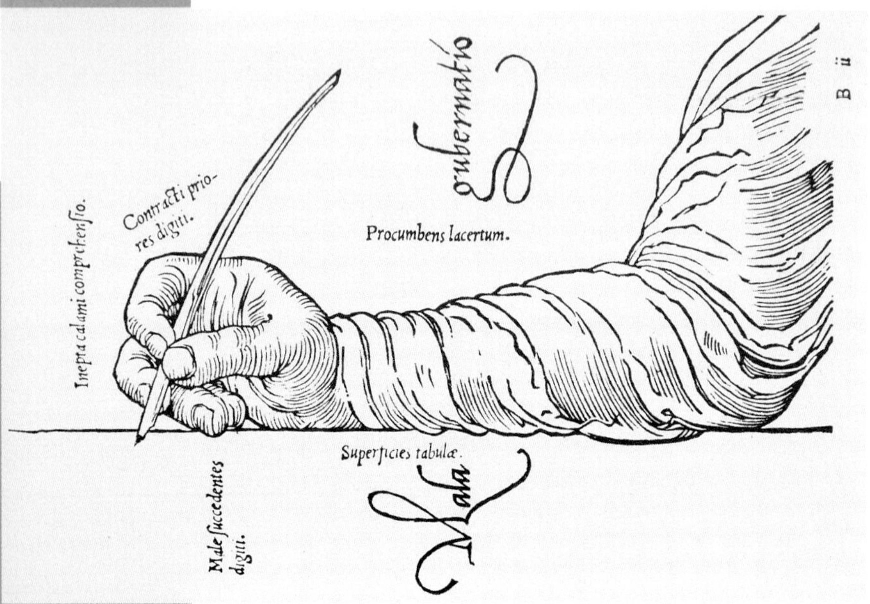

Aus Mercators Anleitung zur Kursivschrift auf Karten und Globen, 1540
KSM

Grußwort

Gerhard Mercator (1512–1594) war einer der bedeutendsten Gelehrten der frühen Neuzeit. Über 40 Jahre lebte er in Duisburg, einer damals beschaulichen Stadt am Zusammenfluss von Rhein und Ruhr. Hier schuf er seine wichtigsten Werke, darunter die Weltkarte *Ad usum navigantium* in der später nach ihm benannten Projektion, die bis heute Grundlage jeglicher Navigation ist. Mercators Wirken und das Netzwerk um ihn herum begründeten im 16. Jahrhundert Duisburgs Ruf als *duisburgum doctum*, als gelehrte Stadt.

Im heutigen Duisburg ist Gerhard Mercator immer noch präsent. Vor dem Rathaus im Herzen der Stadt steht sein Denkmal, das ihm die Bürgerschaft im Jahre 1878 widmete. Bürgerschaftliches Engagement legte auch den Grundstock des Kultur- und Stadthistorischen Museums: 1908 stiftete Theodor Böninger, dessen Familie mit dem Handel und der Verarbeitung von Tabak zu Wohlstand gekommen war, die wertvollsten Exponate, den Erdglobus von 1541 und den Himmelsglobus von 1551.

Autor des vorliegenden Buches ist Dr. Gernot Tromnau, langjähriger Direktor des Kultur- und Stadthistorischen Museums. In seiner aktiven Zeit und weit darüber hinaus warb Tromnau unermüdlich dafür, Duisburg stärker als Mercator-Stadt zu profilieren. Insbesondere seinem Wirken ist es zu verdanken, dass die herausragende Mercator-Sammlung der Stadt Duisburg überregional gewürdigt wird und Bestandteil eines wissenschaftlichen Diskurses auf internationaler Ebene ist.

Diese Publikation vereint eine Vielzahl von Beiträgen, die Gernot Tromnau im Laufe seiner wissenschaftlichen und musealen Beschäftigung mit Gerhard Mercator verfasst hat. Die großzügige Stiftung einer langjährigen Förderin des Museums, Frau Marianne Sobanja (1935–2020), ermöglichte die Drucklegung dieses Bandes. Sie tat dies im Sinne ihres verstorbenen Ehemannes, Hans-Joachim Sobanja, der sich nach der Flucht aus Schlesien in Duisburg-Wanheim niedergelassen und dort bis 1996 die Römer-Apotheke geführt hatte. Dem Andenken von Marianne und Hans-Joachim Sobanja sei dieses Buch gewidmet.

Dr. Susanne Sommer
Museumsdirektorin und Vorsitzende der Mercator-Gesellschaft

Vorbemerkungen

Josef Anton Reiss, Detail des Mercatorbrunnens vor dem Duisburger Rathaus, 1878
KSM/Peter Heberer

Das Kultur- und Stadthistorische Museum Duisburg, ehemals Niederrheinisches Museum der Stadt Duisburg, besitzt einen umfangreichen Bestand zu „Gerhard Mercator und seine Zeit". Unter Geographen, Kartographen und Historikern ist dieser gut bekannt, da er weit über Deutschland hinaus zu den größten Sammlungen von „Mercatoriana" zählt. Den Grundstein zu der wertvollen Sammlung legte Heinrich Averdunk, der bereits seit der Gründung des Museums im Jahre 1902 diesen „Schatz" der Öffentlichkeit zugänglich gemacht hat und bestrebt war, ihn durch Neuerwerbungen ständig zu erweitern. Ein besonderer Glücksfall war der Zugewinn eines sehr gut erhaltenen Globenpaares von Gerhard Mercator (Erdglobus von 1541 und Himmelsglobus von 1551), das von dem Duisburger Kommerzienrat und Fabrikanten Theodor Böninger 1908 in Italien erworben und der Stadt Duisburg zur Ergänzung der Mercator-Sammlung geschenkt wurde. Die beiden Original-Mercator-Globen sind mit Abstand die wertvollsten Exponate des heutigen Kultur- und Stadthistorischen Museums Duisburg. Als Direktor des Museums[1] war dem Autor vorliegender Publikation die Pflege und Ergänzung der Mercator-Sammlung stets ein besonderes Anliegen. Dies galt zuvor auch für einen seiner Vorgänger im Amt, Prof. Dr. Fritz Tischler, dem es zu verdanken ist, dass die Sammlung ohne nennenswerte Verluste während des Zweiten Weltkriegs und in den ersten Nachkriegsjahren erhalten blieb. Leider änderte sich dies in der Zeit von 1967 bis 1976 nach Tischlers unerwartet frühem Tod. Vermutlich durch Veruntreuung bzw. Diebstahl verlor das Museum in

1 Von Januar 1977 bis zur Pensionierung im Dezember 2000 Direktor des Museums, ab Januar 1977 Zweiter Vorsitzender der Mercator-Gesellschaft, Verein für Geschichte und Heimatkunde e. V. Duisburg, von März 2002 bis März 2019 Erster Vorsitzender der Mercator-Gesellschaft, anschließend Ehrenvorsitzender.

Grabmal der Familie Averdunk auf dem Friedhof Sternbuschweg in Duisburg-Neudorf
KSM/Ferdinand Leuxner

diesem Zeitraum zahlreiche wertvolle Exponate – darunter auch mehrere Mercator-Atlanten –, ohne das eindeutig aufgeklärt werden konnte, wie und wann es geschah. Besonders beklagenswert ist der Verlust der beiden ersten Ausgaben des Kartenwerkes von 1595 und 1602, die Günter von Roden in seiner Zusammenstellung der „Mercatoriana in Duisburg"[2] aufführt. In der Amtszeit als Direktor des Museums gelang es dem Autor vorliegenden Bandes, einige Verluste durch Ankäufe auszugleichen und darüber hinaus die Sammlung mit finanzieller Unterstützung von Sponsoren, besonders durch die Mercator-Gesellschaft, zu ergänzen.

U. a. sind dies:

- Gerhard Mercators 26 Germaniakarten der „Germaniae tabulae geograhicae" von 1585,
- Rumold Mercators Weltkarte in zwei Hemisphären von 1587,
- Michael Mercators Amerikakarte um 1595,
- Gerhard Mercators Nordpolarkarte von 1606,
- Mercator-Hondius-Atlas von 1633 und Blaeu-Atlas von 1535 (zu einem Band gebunden),
- Segmente von Gerhard Mercators Erd-und Himmelsgloben, Faksimile von 1875, in Atlasform,
- Brief Gerhard Mercators an Johannes Vivianus vom 4. Juni 1593, zeitnahe Abschrift.

2 Gunter v. Roden, Mercatoriana in Duisburg. In: Duisburger Forschungen, Band 4, Duisburg – Ruhrort 1961, S. 54–62, hier S. 57.

Blick in die „Mercator-Schatzkammer" im Kultur- und Stadthistorischen Museum Duisburg | KSM/Andrea Gropp

Rumold Mercator, Weltkarte in zwei Hemisphären, 1587 | KSM

Michael Mercator, America sive India nova, Amerika oder Neu Indien, Duisburg 1595 | KSM

Nordpolargebiet, Mercator-Hondius-Atlas, 1606 | KSM

Detail des Mercatorbrunnens in Duisburg mit der dahinter befindlichen Salvatorkirche
KSM/Peter Heberer

Um die bedeutende Mercator-Sammlung des Museums stärker in das Bewusstsein der „Mercator-Forschung" und der interessierten Öffentlichkeit zu bringen, wurden vom Autor in den vergangenen über 40 Jahren zahlreiche Vorträge zu Mercator gehalten und etliche Aufsätze publiziert, die aber nicht in einem größeren Zusammenhang zueinander stehen. Um einen solchen herzustellen, entstand die Idee zu vorliegendem Band. Sinnvollerweise wurden in den ursprünglich verfassten Texten Wiederholungen gestrichen, beziehungsweise Korrekturen und Ergänzungen vorgenommen. Ein Verzeichnis der Publikationen des Verfassers über Gerhard Mercator ist beigefügt.

Joan Blaeu, Rupelmonde an der Schelde aus „Novum ac Magnum Theatrum Urbium", um 1650
KSM/Peter Heberer

Zwischen Rupelmonde und Duisburg

Gerhard Mercators Vita 1512–1594

Gerhard Mercators Eltern, der Schuster Hubert Kremer und seine Ehefrau Emerentia, stammten aus Gangelt in der Nähe von Aachen, das damals zum Herzogtum Jülich gehörte. Sie hielten sich besuchsweise bei ihrem Verwandten Gisbert Kremer in dem kleinen ostflandrischen Ort Rupelmonde bei Antwerpen auf, als am 5. März 1512 ihr Sohn Gerhard geboren wurde. Gisbert war der Bruder (oder Onkel?) von Gerhards Vater und wirkte dort als Geistlicher am „Hospiz des Heiligen Johannes". Als Gerhard sechs Jahre alt war, verlegte Hubert Kremer mit seiner Familie den Wohnsitz von Gangelt nach Rupelmonde. Hier verlebte der Junge als Jüngster unter sieben Geschwistern seine Kindheit.

Gedenktafel am Geburtshaus von Gerhard Mercator in Rupelmonde
KSM

Nach dem Tode des Vaters kümmerte sich Gisbert Kremer sehr um die Ausbildung des Knaben und schickte ihn als Fünfzehnjährigen zur Vorbereitung eines Universitätsstudiums nach 's-Hertogenbosch in das Haus der „Brüder vom Gemeinsamen Leben", wo Gerhard u. a. Unterricht in Latein, Griechisch und den Grundlagen der Logik erhielt. Bei diesem sozial engagierten Reformorden, der sich besonders der Erziehung von Knaben widmete, blieb er 3½ Jahre lang. Der Aufenthalt in der Ordensgemeinschaft hat wahrscheinlich Gerhards weiteres Leben nachhaltig geprägt.

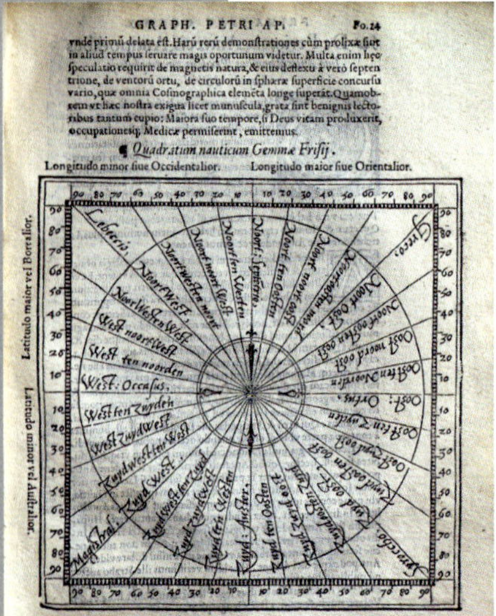

Peter Apian/ Rainer Gemma Frisius, „Quadratum nauticum", Windrichtungen, in „Cosmographia", 1553 KSM

Mit 18½ Jahren immatrikulierte sich Gerhard Kremer 1530 an der Universität Löwen in der Artistenfakultät, die damals die Grundlage für das Studium in allen Fakultäten war. Er latinisierte seinen Namen und nannte sich nun „Gerardus Mercator". Sein nur vier Jahre älterer Universitätslehrer war Rainer Gemma Frisius. Dieser war Arzt und Professor für Medizin, Mathematik, mathematische Geographie und Astronomie. Bereits im Herbst 1532 beendete Mercator sein Studium vermutlich mit dem Erwerb des Universitätsgrades eines Magister Artium.[3]

Nach einem kurzen Aufenthalt in Antwerpen kehrte Gerhard Mercator 1534 wieder nach Löwen zurück. In den Jahren 1534 bis 1537 war er Mitarbeiter seines ehemaligen Universitätslehrers Gemma Frisius bei der Erstellung von dessen Erd- und Himmelsgloben. Daneben beschäftigte er sich privat mit Theologie, Philosophie und Mathematik. Die bei Gemma Frisius erworbenen Kenntnisse gaben dem bald selbstständig arbeitenden Kartographen, Landmesser und Instrumentenbauer schon mit 24 Jahren die finanziellen Voraussetzungen für eine Eheschließung mit der Löwener Bürgerstochter Barbara Schelleken. Aus dieser 1536 geschlossenen Verbindung stammen die sechs Kinder Arnold, Emerentia, Bartholomäus,

3 Hans-Heinrich Geske, Die Vita Mercatoris des Walter Ghim. In: Duisburger Forschungen, Band 6, Duisburg-Ruhrort 1962, S. 244–276, hier S. 247.

Dorothea, Rumold und Katharina.[4]

In die Zeit des Aufenthaltes in Löwen fallen so bedeutende Werke Gerhard Mercators wie die Karte des Heiligen Landes (1537), die kleine Weltkarte in doppelherzförmiger Projektion (1538), die Flandernkarte (1540), die Anleitung über die Anwendung der Kursivschrift (1540), die eigenen Globen (der Erdglobus von 1541 und der Himmelsglobus von 1551) sowie die Anleitung zum Gebrauch der Globen (1552). Diese Arbeiten begründeten seinen Ruhm als hervorragender Kartograph.

Gerhard Mercator, Flandernkarte in „Belgii Tabulae", 1585 (hier aus dem „Mercator-Atlas" von 1595)
KSM

Gerhard Mercator führte eine ausgedehnte Korrespondenz und wertete für seine Arbeiten sowohl die neuesten und besten Reisebeschreibungen als auch entsprechende Seekarten und Schiffsanweisungen aus. Trotz seiner schon damals weit über die Grenzen der spanischen Niederlande hinaus reichenden Wertschätzung wurde der Universalgelehrte

4 Über Gerhard Mercators Frauen und Töchter ist kaum etwas bekannt. Interessant ist, dass im Textteil des Mercator-Atlasses zu den kosmographischen Gedanken über die Erschaffung der Welt der Sündenfall Adams behandelt wird und Eva keine Erwähnung findet! Vgl. Kapitel 18 in: Wilhelm Krücken (Hrsg.), Atlas oder Kosmographische Gedanken über die Erschaffung der Welt und ihre kartographische Gestalt, Duisburg, 1994, S. 196–200.

im Februar 1544 unter dem Verdacht der Ketzerei – der „Lutterye" – von der Inquisition in Rupelmonde, wo er sich gerade aufhielt, verhaftet und für mehrere Monate im dortigen Kastell „Gravensteen" eingekerkert. Durch die Fürsprache einflussreicher Persönlichkeiten kam er wieder frei. Vermutlich werden sich auch Freunde an der katholischen Universität Löwen für seine Entlassung aus dem Gefängnis eingesetzt haben.

Religiöse und politische Unruhen waren damals an der Tagesordnung und beeinflussten wohl auch Mercator. Vieles wurde infrage gestellt, was bisher als gesichert galt. So blieb es dem Universalgelehrten nicht verborgen, dass sich u. a. die Lehren des Aristoteles, die ehemals als vorbildlich galten, nicht mit den in der Bibel festgeschriebenen Texten in Übereinstimmung bringen ließen. Um durch diese Erkenntnis nicht in Konflikt zu geraten und sich erneut einer Verfolgung durch die katholische Kirche auszusetzen, wandte er sich von der allgemeinen Philosophie und Theologie ab und beschäftigte sich zunehmend mit der Mathematik und ihrer praktischen Anwendung. Die Übersiedlung Gerhard Mercators nach Duisburg im Jahre 1552 war aber keine Flucht, sondern ein geordneter Umzug, bei dem der Universalgelehrte offensichtlich die zahlreichen Unterlagen und Druckplatten für seine Karten mitnehmen konnte. Dies ermöglichte ihm ohne nennenswerte Unterbrechung die Fortführung seiner vielfältigen Arbeiten.

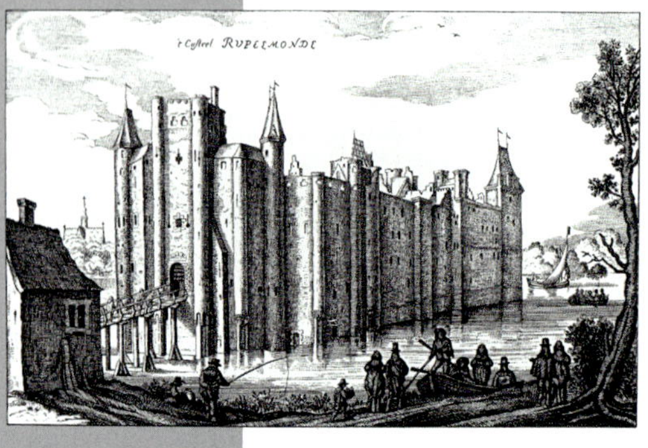

Kastell Gravensteen in Rupelmonde, um 1700
KSM

Duisburg war im 16. Jahrhundert zwar ein unbedeutendes klevisches Landstädtchen mit nur etwa 3.000 Ackerbürgern und Handwerkern, aber in dieser von religiöser Toleranz geprägten Stadt im Herzogtum „Wilhelms des Reichen" von Jülich-Kleve-Berg war Mercator mit seiner Familie in einer Zeit konfessioneller Auseinandersetzungen und politischer Kämpfe vor Anfeindungen sicherer und konnte hier verhältnismäßig ungestört leben und arbeiten. Wo er in den ersten Jahren in Duisburg mit seiner Frau und den sechs Kindern wohnte und eine Werkstatt einrichten konnte, ist

Johannes Mercator, Moers Comitatus, Karte der Grafschaft Moers, Duisburg 1591 | KSM

unbekannt. Überliefert ist lediglich, dass er in der Nachbarschaft von Walter Ghim lebte, der mehrfach Bürgermeister und Schultheiß und somit Vertreter des Herzogs Wilhelm V. in Duisburg war.

Stadtplan Duisburgs in der Vogelschau von Johannes Corputius, 1566
KSM

Bartholomäus Mercator, „Breves in sphaeram meditatiunculae" – Aufzeichnungen von Gerhard Mercators kosmographischen Vorlesungen am Duisburger Gymnasium, Köln 1563
KSM

Von 1559 bis 1562 betätigte sich Gerhard Mercator auch als Lehrer für Mathematik und Kosmographie am neugegründeten Duisburger „Akademischen Gymnasium", ohne ein nennenswertes Honorar für seine Leistungen zu erhalten. Im Februar 1558 erwarb er für 650 Gulden an der Oberstraße in Sichtweite der Salvatorkirche ein großes Grundstück mit Wohnhaus und Nebengebäude, zu dem auch ein Garten und andere kleinere Ländereien gehörten. Hier lebte er mit seiner Familie als angesehener Gelehrter, ohne jemals den Bürgereid geleistet oder ein öffentliches Amt in der Stadt bekleidet zu haben.

Mercator wurde bei seinen vielfältigen Arbeiten von seinen Angehörigen unterstützt. So waren die Söhne Arnold, Bartholomäus und Rumold sowie die Enkel – Söhne von Arnold Mercator – Gerhard, Johannes und Michael als Drucker, Kupferstecher oder Kartographen im Familienbetrieb beschäftigt.

Um 1564 stand der Universalgelehrte im Dienst seines Landesherrn Wilhelm V. von Jülich-Kleve-Berg und wurde zu dieser Zeit zum herzoglichen Kosmographen ernannt. Dieser Titel ist u. a. auf seinem Epitaph in der Salvatorkirche vermerkt.

Herzog Wilhelm V. und sein Sohn Johann Wilhelm. Ausschnitt aus einem Gemälde der Herzöge von Kleve, unbekannter Maler, 17. Jh.
KSM/Peter Heberer

In den 42 Jahren in Duisburg schuf Gerhard Mercator den bedeutendsten Teil seines Lebenswerkes. Dazu zählen die Europakarte (1554, 2. Auflage 1572), die Karte von Lothringen (1563/64), die Wandkarte der Britischen Inseln (1564), die Weltkarte „Ad usum navigantium" in der später nach ihm benannten „Mercator-Projektion" (1569), die Chronologie (1569), die Ptolemäus-Ausgabe (1578, 2. Auflage 1584), die mit „Tabulae ..." bezeichneten Kartenblattfolgen als Vorstufe zum Atlas (1585 und 1589), die Evangelienharmonie (1592) und der 1595 posthum von seinem jüngsten Sohn Rumold herausgegebene „Atlas sive Cosmographicae meditationes". Dieser erschien 1602 in einer zweiten unveränderten Auflage und wurde ab 1606 mit stets erweiterten Karten anderer Kartographen unter dem werbewirksamen Namen Mercators von dem Antwerpener Verlagshaus Platin verlegt.

Relief über dem Eingangstor des Plantinschen Betriebes in Antwerpen – heute Plantin-Moretus-Museum – mit Zirkel und lateinischer Inschrift „labore et constantia" („durch Arbeit und Beständigkeit")
Gernot Tromnau

Als herausragendste Leistung Gerhard Mercators gilt seine 1569 herausgegebene, 132 cm x 208 cm große Weltkarte „Ad usum navigantium", die zum Gebrauch für die Schifffahrt bestimmt war. Diese genial konzipierte Wandkarte, die nach einem Gradnetzentwurf angefertigt wurde, der heute den Namen „Mercator-Projektion" trägt und in der See- und

Gerhard Mercators Wandkarte von Europa, 2. Ausgabe 1572
Herzogin-Anna-Amalia-Bibliothek Weimar, Klassik Stiftung Weimar

Raumfahrt Verwendung findet, verbürgt jene Genauigkeit, die notwendig ist, um ein angesteuertes Ziel auch tatsächlich zu erreichen. Mit ihrer Winkeltreue war diese Karte ein großer Fortschritt, denn auf ihr ließ sich ein Schiffskurs erstmals als eine gerade Linie darstellen.

Bei den Vermessungsarbeiten zu seiner Lothringenkarte erkrankte der Universalgelehrte schwer. Das hatte zur Folge, dass er – abgesehen von kleineren Reisen im näheren Umland – seit 1564 Duisburg nicht mehr verließ. Ein weiterer Schicksalsschlag für ihn war 1586 der Tod seiner Frau Barbara, mit der er 50 Jahre lang zusammengelebt hatte. Aber bereits wenige Monate später heiratete er die verwitwete Gertrud Vierlings.

In den beiden letzten Jahrzehnten seines Lebens beschäftigte sich der Universalgelehrte verstärkt mit theologischen Fragen, u. a. auch mit den Schriften der Schweizer Reformatoren. Sein 1590 verfasster Kommentar zum Römerbrief kann als theologisch-systematische Grundlage für seine Kosmographie angesehen werden, den er als sein wichtigstes Werk betrachtete. In diesem hat er besonders herausgestellt, dass durch Jesus Christus der gesamte Kosmos wieder unvergänglich geworden sei, so wie es Paulus in seinem Römer-Brief ausgeführt hat.

Mercators Nachbar und Biograph Walter Ghim berichtet in der seit 1595 im Atlas gedruckten Vita, dass der Universalgelehrte am 5. Mai 1590 einen Schlaganfall erlitt, durch den er linksseitig gelähmt war.[5] Der Leibarzt der herzoglichen Familie von Jülich-Kleve-Berg, Dr. Reiner Solenander, der schon 1583 Mercators Augenleiden erfolgreich behandelt hatte, betreute ihn in den letzten Lebensjahren und erreichte durch seine Bemühungen, dass der Universalgelehrte weiterhin seine Arbeit – wenn auch eingeschränkt – fortsetzen konnte. Auf dem in der Salvatorkirche aufgehängten Epitaph ist der an dieser Lähmung leidende herzogliche Kartograph sehr realistisch wiedergegeben. Drei Jahre später folgte ein heftiger Gehirnschlag, durch den er eine Zeitlang die Sprache verlor und nur unter größten Schwierigkeiten Speise und Trank zu sich nehmen konnte. Von diesen Gebrechen erholte er sich nicht mehr. Am 2. Dezember 1594, um 11 Uhr, starb Gerhard Mercator im Alter von 82 Jahren in seinem Haus in Duisburg. Er wurde in der heute leider nicht mehr erhaltenen Familiengruft in der Salvatorkirche neben seiner ersten Frau Barbara und seinem ältesten Sohn Arnold bestattet. Seine letzten vernehmlichen Worte sollen eine Bitte an den Prediger gewesen sein, seiner im Gebet nach Beendigung des Gottesdienstes zu gedenken.

Epitaph Gerhard Mercators in der Duisburger Salvatorkirche, nach 1594
KSM/Doris Lydia Stark

5 Vgl. Anm. 3, S. 269 f.

An der Schnittstelle vom Mittelalter zur Frühen Neuzeit

Zeitliche Einordnung von Gerhard Mercator

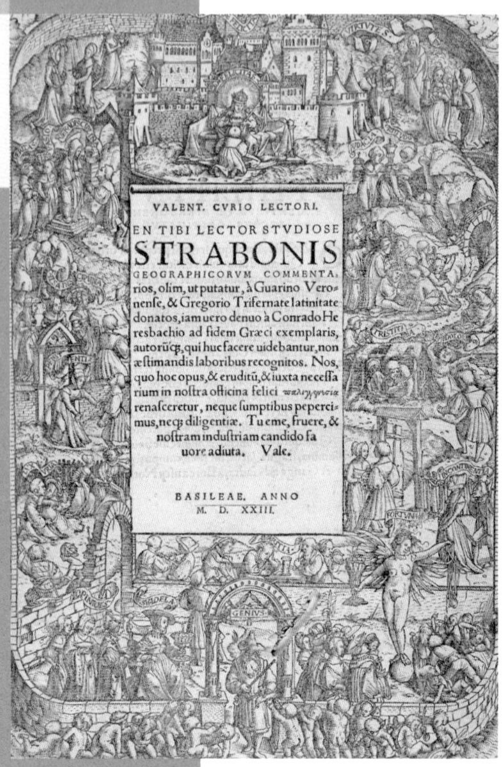

VALENT. CVRIO LECTORI.
EN TIBI LECTOR STVDIOSE
STRABONIS
GEOGRAPHICORVM COMMENTA-
rios, olim, ut putatur, à Guarino Vero-
nense, & Gregorio Trifernate latinitate
donatos, iam uero denuo à Conrado He
resbachio ad fidem Græci exemplaris,
autorūq;, qui huc facere uidebantur, non
æstimandis laboribus recognitos. Nos,
quo hoc opus, & eruditū, & iuxta necessa
rium in nostra officina felici παλιγγενεσία
renasceretur, neque sumptibus peperci-
mus, nec diligentiæ. Tu eme, fruere, &
nostram industriam candido fa
uore adiuta. Vale.
BASILEAE. ANNO
M. D. XXIII.

Lateinische Übersetzung der „Geographica Strabons", Basel 1523
KSM/Peter Heberer

Das Leben Gerhard Mercators füllt fast das ganze 16. Jahrhundert aus. Dies ist die Zeit der späten Renaissance. Mit dem Begriff „Renaissance" wird die Epoche des Übergangs vom Mittelalter zur Neuzeit bezeichnet. Sie gilt als Erneuerung antiker Ideale, insbesondere für die Geisteswissenschaften wie Philosophie und Literatur, aber auch für die bildende Kunst.

Viele Ereignisse und Prozesse dieser Epoche sind noch heute für uns bedeutsam. Dazu gehören z. B. Gutenbergs Erfindung des Buchdrucks mit beweglichen Lettern (um 1440), die Entdeckung der „Neuen Welt" im Jahre 1492 durch Christoph Kolumbus, der Beginn der Reformation 1517 durch Martin Luther oder die Überwindung des fast 1.500 Jahre lang bestehenden ptolemäischen Weltbildes durch Astronomen wie Tycho Brahe (1546–1601), Nikolaus Kopernikus (1473–1543, Johannes Kepler (1571–1630) und Galileo Galilei (1564–1642).

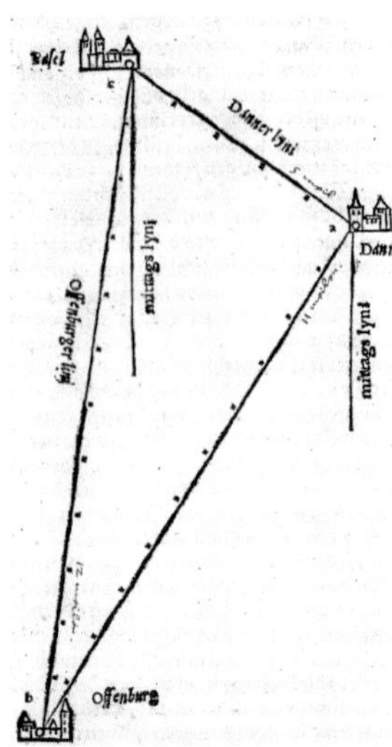

Sebastian Münster, Triangulation. Beschreibung aller Lender, Basel 1545
KSM

Die Globalisierung nahm durch die Entdeckungsfahrten in der Frühen Neuzeit ihren Anfang und hatte großen Einfluss auf die damalige Kartographie. Stellvertretend dafür seien genannt der erste Erdglobus (noch ohne Amerika) von Martin Behaim aus dem Jahre 1492 und Gerhard Mercators Weltkarte von 1569 in der später nach ihm benannten „Mercator-Projektion", der winkeltreuen Projektion, und sein posthum 1595 in Duisburg erstmals herausgegebener sogenannter „Mercator-Atlas".

Das Titelblatt des „Mercator-Atlas" von 1595 zeigt den legendären König Atlas von Mauretanien. KSM

Die Lockerung des Zinsverbots führte damals zum Wachstum des Kapitalismus – z. B. durch das Bankhaus der Fugger in Augsburg – und begünstigte einen weltweiten Handel. Aber auch die bis heute nicht überwundenen Konflikte zwischen den verschiedenen Religionen entstanden während der Renaissance. Dazu gehören die Ausbreitung des Islams in Europa u. a. seit der Eroberung Konstantinopels 1453 durch die Osmanen und die von Martin Luther verursachte Spaltung der christlichen Kirche durch die von ihm 1517 eingeleitete Reformation.

In dieser gewaltigen Umbruchsphase während der Spätrenaissance lebte und wirkte Gerhard Mercator. Leben und Werk des universal gebildeten Gelehrten müssen vor diesem Hintergrund betrachtet werden.

Vision von der Erstellung einer umfassenden Kosmographie

Konzept und Realisierung

Anlass zur Erstellung einer umfassenden Kosmographie waren für Gerhard Mercator vermutlich die festgestellten Unstimmigkeiten zwischen den Texten in der Bibel und denen der Lehren des griechischen Philosophen Aristoteles.

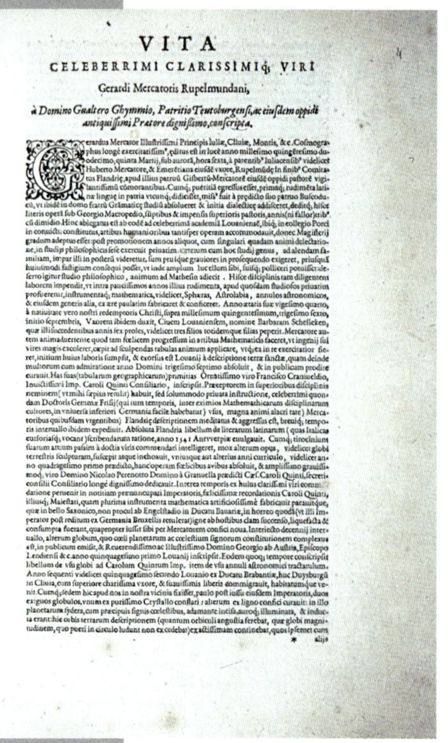

VITA

CELEBERRIMI CLARISSIMIQ; VIRI

Gerardi Mercatoris Rupelmundani,

à Domino Gualtero Ghymmio, Patritio Teutoburgensi, ac eiusdem oppidi antiquissimi Prætore dignissimo, conscripta.

Gerardus Mercator Illustrissimi Principis Iuliæ, Cliuiæ, Montis, &c. Cosmographus longè exercitatissim', æditus est in lucē anno millesimo quingētesimo duodecimo, quinta Martij, sub aurorā, hora sexta, à parentib' Iuliacensib' videlicet Huberto Mercatore, & Emerētiana eiusdē vxore, Rupelmūdę in finib' Comitatus Flandrię, apud illius patruū Gisbertū Mercatorē eiusdē oppidi pastorē vigilantissimū cōmorantibus. Cumq; pueritiā egressus esset, primaq; rudimēta latinæ linguę in patria vtcunq; didicisset, miss' fuit à prędicto suo patruo Buscoducū, vt ibidē in domo fratrū Grāmaticę studiū absolueret & initia dialecticę addisceret, deditq; hisce literis operā sub Georgio Macropedio, sūptibus & impensis superioris pastoris, annis (ni fallor) trib' cū dimidio. Hinc ablegatus est ab eodē ad celeberrimā academiā Louaniensē, ibiq; in collegio Porci in conuictu constitutus, artibus humanioribus tantisper operam accommodauit, donec Magisterij gradum adeptus esset: post promotionem annos aliquot, cum singulari quadam animi delectatione, in studijs philosophicis sese exercuit priuatim. cæterum cum hoc studij genus, ad alendam familiam, impar illi in posterū videretur, sum ptusque grauiores in prosequendo exigeret, priusquā huiusmodi fastigium consequi posset, vt inde amplum lucellum sibi, suisq; polliceri potuisset: deserto igitur studio philosophico, animum ad Mathesin adiecit. Hisce disciplinis tam diligentem laborem impendit, vt intra paucissimos annos illius rudimenta, apud quosdam studiosos priuatim profiteretur, instrumentaq; mathematica, videlicet, Sphæras, Astrolabia, annulos astronomicos, & eiusdem generis alia, ex ære paulatim fabricaret & conficeret. Anno ætatis suæ vigesimo quarto, à natiuitate vero nostri redemptoris Christi, supra millesimum quingentesimum, trigesimo sexto, initio septembris, Vxorem ibidem duxit, Ciuem Louaniensem, nomine Barbaram Schelleken, quæ illi succedentibus annis sex proles, videlicet tres filios totidemque filias peperit. Mercatore autem animaduertente quod tam fœlicem progressum in artibus Mathematicis faceret, vt ingenij sui vires magis excoleret, cœpit ad sculpendas tabulas animum applicare, vtq; ea in re exercitatior fieret, initium huius laboris sumpsit, & exorsus est Louanij à descriptione terræ sanctæ, quam deinde multorum cum admiratione anno Domini trigesimo septimo absoluit, & in publicum prodire curauit. Has suas (tabularum geographicarum) primitias Ornatissimo viro Francisco Cranueldio, Inuictissimi Imp. Caroli Quinti Consiliario, inscripsit. Præceptorem in superioribus disciplinis neminem (vt mihi sæpius retulit) habuit, sed solummodo priuata instructione, celeberrimi quondam Doctoris Gemmæ Frisij (qui tum temporis, inter eximios Mathemathicarum disciplinarum cultores, in vniuersa inferiori Germania facile habebatur) vsus, magna animi alacritate) Mercatoribus quibusdam vrgentibus) Flandrię descriptionem meditatus & aggressus est, breuiq; temporis interuallo ibidem expediuit. Absoluta Flandria libellum de literarum latinarum (quas Italicas cursoriasq; vocant) scribendarum ratione, anno 1541 Antvverpiæ euulgauit. Cumq; tirocinium suarum artium passim à doctis viris commendari intelligeret, mox alterum opus, videlicet globi terrestris sculpturam, suscœpit atque inchoauit, vniusque aut alterius anni curriculo, videlicet anno quadragesimo primo prædicto, hanc operam fœlicibus auibus absoluit, & amplissimo grauissimoq; viro Domino Nicolao Perenotto Domino à Granuella prædicti Cæs. Caroli Quinti, secreti consilii Consiliario longè dignissimo dedicauit. Interea temporis ex huius clarissimi viri commendatione peruenit in notitiam prænuncupati Imperatoris, fœlicissimæ recordationis Caroli Quinti, illiusq; Maiestati, quam plurima instrumenta mathematica artificiosissimè fabricauit parauitque, quæ in bello Saxonico, non procul ab Engelstadio in Ducatu Bauariæ, in horreo quodā (vt illi Imperator post reditum ex Germania Bruxellis retulerat) igne ab hostibus clam succenso, liquefacta & consumpta fuerant, quapropter iussit sibi per Mercatorem confici noua. Interiecto decennij interuallo, alterum globum, quo cœli planetarum ac cœlestium signorum constitutionem complexus est, in publicum emisit, & Reuerendissimo ac Illustrissimo Domino Georgio ab Austria, Episcopo Leodiensi &c. anno quinquagesimo primo Louanij inscripsit. Eodem quoq; tempore conscripsit libellum de vsu globi ad Carolum Quintum Imp. item de vsu annuli astronomici tractatulum. Anno sequenti videlicet quinquagesimo secundo Louanio ex Ducatu Brabantiæ, huc Duysburgū in Cliuia, cum superiore charissima vxore, & suauissimis liberis commigrauit, habitatumque venit. Cumq; sedem hic apud nos in nostra vicinia fixisset, paulo post iussu eiusdem Imperatoris, duos exiguos globulos, vnum ex purissimo Crystallo conflari, alterum ex ligno confici curauit: in illo planetarum sydera, cum præcipuis signis cœlestibus, adamante incisa, auroq; illuminata, & inducta erant: hic orbis terrarum descriptionem (quantum orbiculi angustia ferebat, quæ globi magnitudinem, quo pueri in circulo ludunt non excedebat) exactissimam continebat, quos ipsemet cum

* alijs

Walter Ghim, „Vita Mercatoris", erstmals im von Rumold Mercator 1595 herausgegebenen „Mercator-Atlas" erschienen KSM

Walter Ghim berichtet in der „Vita Mercatoris", dass Mercator in einer Widmung anlässlich der Fertigstellung und des Drucks seiner Karten von Frankreich und Deutschland an den Herzog Johann Wilhelm von Jülich-Kleve-Berg seine geplante umfassende Kosmographie erläutert. In der Übersetzung von Hans-Heinrich Geske heißt es: „Es erforderte die Einteilung und Ordnung des Werkes, daß ich zuerst die Erschaffung der Welt und die Anordnung ihrer Teile insgesamt behandelte, darauf die Reihenfolge und Bewegung der Himmelskörper, im dritten Teile deren Natur, Strahlung und Ablenkung der wirkenden Kräfte, um nach einer richtigeren Astrologie zu suchen, im vierten Teil die Elemente, im fünften die Beschreibung der Reiche und der ganzen Erde, im sechsten die Genealogien der Fürsten seit der Schöpfung der Welt, um die Wanderungen von Völkern, die ersten Bewohner der Länder, die Zeiten der Erfindungen und die Ereignisse des Altertums zu erforschen. Dies ist nämlich die natürliche Reihenfolge der Dinge, die deren Gründe und Ursprünge leicht aufzeigt und zu wahrer Kenntnis und Einsicht der beste Führer ist usw."[6]

6 Vgl. Anm. 3, S. 259 f.

Das sehr anspruchsvolle Vorhaben konnte Gerhard Mercator aber nur teilweise bewältigen. Etwa 1½ Jahre vor seinem Tod unterbreitete er seinem Freund Vivianus in einem Brief vom 4. Juni 1593 das Konzept des ersten Bandes seiner Kosmographie. Es handelt sich hierbei um ein Antwortschreiben auf einen Brief von Vivianus, der als Kopie

Vermutlich letzter Brief Gerhard Mercators vom 4. Juni 1593 an Johannes Vivianus, zeitnahe Kopie
KSM

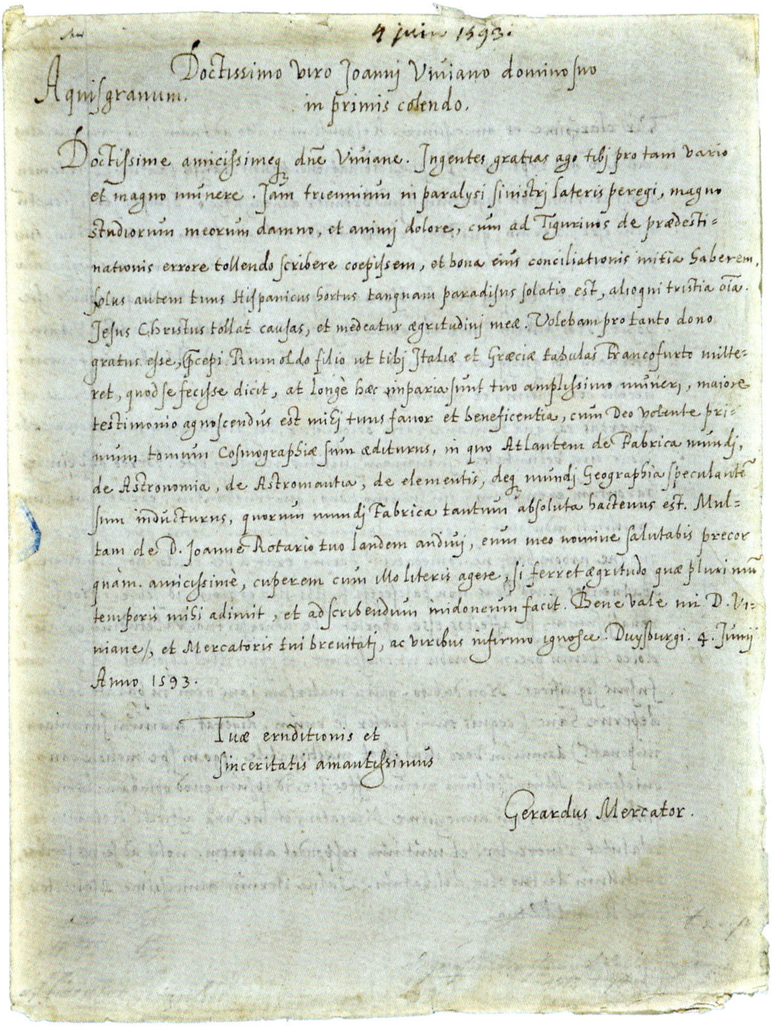

4 juin 1593.

Aquisgranum.

Doctissimo viro Joanni Viviano domino suo
in primis colendo.

Doctissime amicissimeq[ue] d[omi]ne Viviane. Ingentes gratias ago tibi pro tam vario et magno munere. Jam triennium in paralysi sinistri lateris peregi, magno studiorum meorum damno, et animi dolore, cum ad Tigurinis de praedestinationis errore tollendo scribere coepissem, et bona eius conciliationis initia haberem, solus autem tuus Hispanicus hortus tanquam paradisus solatio est, alioqui tristia o[mn]ia. Jesus Christus tollat causas, et medeatur aegritudini meae. Volebam pro tanto dono gratus esse, praecepi Rumoldo filio ut tibi Italiae et Graeciae tabulas Francofurto mitteret, quod se fecisse dicit, at longe haec imparia sunt tuo amplissimo muneri, maiore testimonio agnoscendus est mihi tuus favor et beneficentia, cum Deo volente primum tomum Cosmographiae sum aediturus, in quo Atlantem de Fabrica mundi, de Astronomia, de Astromantia, de elementis, deq[ue] mundi Geographia speculantem sum inducturus, quorum mundi Fabrica tantum absoluta hactenus est. Multam de D. Joanne Rotario tuo laudem audivi, eum meo nomine salutabis precor quam amicissime, cuperem cum illo literis agere, si ferret aegritudo quae plurimum temporis mihi adimit, et ad scribendum inidoneum facit. Bene vale mi D. Viviane, et Mercatoris tui brevitati, ac viribus infirmo ignosce. Duysburgi. 4. Junij Anno 1593.

Tuae eruditionis et
sinceritatis amantissimus

Gerardus Mercator.

der Frühen Neuzeit sich jetzt in den Sammlungen des Kultur- und Stadthistorischen Museums Duisburg befindet. Der Verfasser erhielt die Abschrift am 23.11.1995 vom Inhaber des „Antiquarian Booksellers Forum BV, 't Goy-Houten (Utrecht)", Herrn Hesselik, als Geschenk für die Vermittlung

Eigenhändige Widmung Gerhard Mercators an den Kölner Bürgermeister Constantin von Lyskirchen in einer Ptolemäus-Ausgabe Mercators von 1578 KSM

zum Erwerb durch die Universität Duisburg eines umfangreichen Bandes mit Karten von Abraham Ortelius und Gerhard Mercator. Auf dem Deckblatt zu der darin enthaltenen Ptolemäus-Ausgabe Mercators von 1578 befindet sich eine vierzeilige eigenhändige Widmung des Universalgelehrten an den damaligen Bürgermeister von Köln Constantin von Lieskirchen. Zur Zeit des sensationellen Ankaufs dieses Folio-Bandes trug die Duisburger Hochschule noch den Namen „Gerhard-Mercator-Universität, Gesamthochschule Duisburg", der leider bei der Fusion mit der Universität Essen aufgegeben wurde.

Der Verfasser bat den damaligen Direktor des Duisburger Stadtarchivs Dr. Joseph Milz um die Übersetzung des lateinischen Textes des Mercator-Briefes und überließ ihm die Auswertung dieses bisher unbekannten Briefwechsels zwischen Gerhard Mercator und Johannes Vivianus.[7] Über dessen Erwerb hat der Verfasser in einem kleinen Beitrag berichtet.[8]

In dem Brief an Vivianus erläuert Mercator u. a. das Konzept für seine geplante Kosmographie folgendermaßen:
„Mit Gottes Hilfe gehe ich jetzt daran, den ersten Band der Kosmographie herauszugeben, in dem ich Atlas als denjenigen einführen werde, der von der Erschaffung der Welt, von der Astronomie, von der Astromantie, von den Elementen und der Geographie der ganzen Welt handelt. Hiervon ist bislang allein die Erschaffung der Welt (fabrica mundi) fertig gestellt".

7 Joseph Milz, Ein bisher unbekannter Briefwechsel Gerhard Mercators mit Johannes Vivianus. In: Duisburger Forschungen, Band 43, Duisburg 1997, S. 1–20.
8 Gernot Tromnau, Zum Erwerb des letzten(?) Briefwechsels Gerhard Mercators. Ebd. S. 21–22.

Nach Milz dürfte der Aufbau der Kosmographie „in der Vorstellung Mercators gegen Ende seines Lebens demnach so ausgesehen haben:

- Band I: Die kosmographischen Überlegungen in fünf Kapiteln (Kapitel 1 fertig, Kapitel 2 in Arbeit)
- Band II,1: Die Geographie des Ptolemäus (bereits erschienen)
- Band II,2: Die neue Geographie (Teillieferungen vorliegend, weitgehend abgeschlossen, enthaltend gleichzeitig die Geschichte der Länder)
- Band III: Die Chronologie (bereits erschienen, eine Neuauflage wird vorbereitet, deren wichtigster Teil, die Evangelienharmonie, ist bereits ausgeliefert)".[9]

Anglia, Scotia, Hibernia im „Mercator-Atlas", 1595
Library of Congress, Rosenwald Collection

Gerhard Mercator hat sich seit seiner Übersiedlung nach Duisburg bis zu seinem Tod am 2. Dezember 1594 über vier Jahrzehnte lang um die Erstellung einer umfassenden Weltbeschreibung bemüht, konnte aber den ehrgeizigen Plan seiner großen Akribie und der zunehmenden Gesundheitsverschlechterung wegen nicht mehr vollenden.

9 Vgl. Anm. 7, S. 13.

Die Weltkarte von 1569 mit wachsenden Breitengraden

Gerhard Mercators Meisterleistung

Im Jahre 1541 hatte Gerhard Mercator in Löwen einen im Maßstab von ca. 1:30.000.000 erstellten Erdglobus fertiggestellt. Auf diesem waren die aktuellsten Erkenntnisse seiner Zeit berücksichtigt und bereits die „loxodromischen Linien" eingetragen, die alle Längenkreise im selben Winkel schneiden. Nun beschäftigte den Kartographen die Frage, wie die dadurch für die Navigation auf den Meeren so vorteilhafte Benutzung auf eine wesentlich leichter zu handhabende Plankarte zu übertragen sei. Für die Schifffahrt wäre eine

Gerhard Mercators Weltkarte „Nova et aucta orbis terrae desciptio ad usum navigantium", 1569
KSM/koloriert

solche Karte von großem Vorteil, da auf ihr die gewünschten Kurslinien die Meridiane im gleichen Winkel schneiden, was die Navigation vereinfachen und präzisieren würde. Aber wie sollte die kugelförmige Erde so auf eine flache Karte gebracht werden, dass die sogenannte Winkeltreue gegeben war? Die Lösung fand Gerhard Mercator mit einer von ihm entwickelten Projektion, die noch heute als „Mercator-Projektion" von großer Bedeutung für die Schifffahrt, die Navigation an Land, in der Luft und selbst für die Raumfahrt ist. Diese Darstellung weist aber mit zunehmender Entfernung vom Äquator immer größere Verzerrungen auf, reicht allenfalls nur bis zum 80. Grad nördlicher bzw. südlicher Breite und ist nicht abstands- und flächentreu. So erscheint z. B. Grönland etwa genauso groß wie Afrika, obwohl die Insel ca. 14-mal kleiner

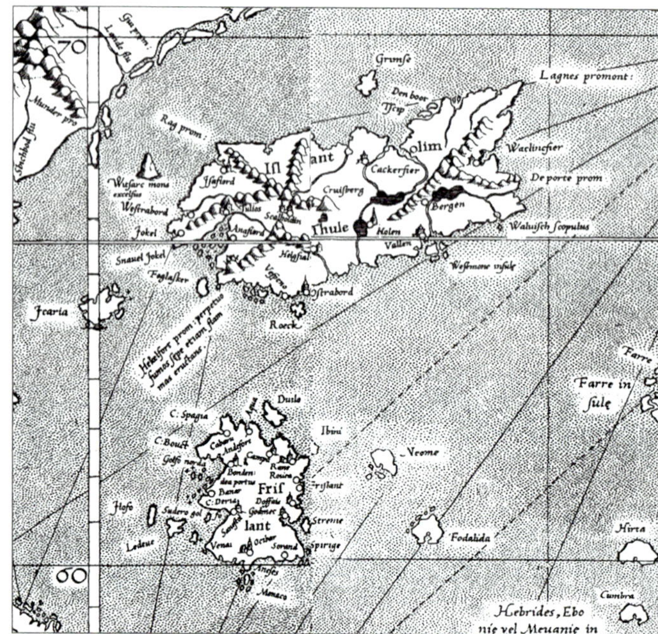

Fiktive Insel „Frislant", unterhalb von Island. Ausschnitt aus Gerhard Mercators Weltkarte „Nova et aucta orbis terrae desciptio ad usum navigantium", 1569
KSM

als der Kontinent ist! Aber bei einer Navigation ergeben sich Peilwinkel, die genauso groß sind, wie die der ermittelten Kurse auf Mercators neuer Karte und so erstmals eine exakte Einhaltung der gewünschten Route ermöglichen. Der Universalgelehrte erhielt durch diese geniale Projektion bald sehr hohe Anerkennung. Die „Mercator-Projektion" ist auch

Fiktive Insel „Frislant" aus der „Cosmographia" von Sebastian Münster, ab 1588
KSM/Peter Heberer

heute noch unumstritten und spiegelt sich im GPS und bei anderen modernen Navigationsgeräten, die auf dieser Meisterleistung fußen, wider. So nutzen z. B. auch internationale Kartendienste im Internet Mercators winkeltreue Projektion.

Die etwa 134 cm x 212 cm große Weltkarte im Maßstab von ca. 1:20.000.000 in der „Mercator-Projektion" mit den sogenannten wachsenden Breitengraden reicht bis 80° nach Norden und 60° nach Süden. Sie trägt den lateinischen Titel „Nova et aucta orbis terrae descriptio ad usum navigantium ementata accomodata" („Neue und überarbeitete Beschreibung der Welt, besser an die Bedürfnisse der Seefahrer angepasst"). Der Druck erfolgte auf 24 Einzelplatten, von denen sechs die mannigfaltig verzierte Randleiste der Karte bilden.

Meeresungeheuer, Ausschnitt aus Gerhard Mercators Weltkarte „Ad usum navigantium", 1569
KSM

Nachweislich wurde Mercators Weltkarte von 1569 schon zu Lebzeiten des Universalgelehrten von einigen Kapitänen – wie z. B. dem Engländer Martin Frobisher – auf ihren Entdeckungsreisen benutzt. Für die meisten damaligen Seeleute war aber diese neuartige Projektion wahrscheinlich zu kompliziert und fand deshalb wenig Beachtung. Von den etwa 300 erstellten Drucken der Weltkarte sind heute nur noch drei vollständige Exemplare erhalten geblieben. Diese befinden sich in der Universitätsbibliothek Basel, in der Bibliothèque Nationale Paris und – in Atlasform – im Maritiem Museum in Rotterdam. Eine weitere Karte, die sich ehemals in der Breslauer Stadtbibliothek befand, gilt seit dem Ende des Zweiten Weltkriegs als verschollen. Darüber hinaus ist ein Fragment mit der Darstellung des Gebiets um Grönland im sogenannten „Europa-Atlas", einem zwischen 1570 und 1572 für den Kronprinzen Karl Friedrich von Kleve von Mercator zusammengestellten Kartenwerk enthalten, das in der British Library in London aufbewahrt wird.

Gerhard Mercators Weltkarte „Ad usum navigantum" umfasste das gesamte kartographische Wissen seiner Zeit, aber auch solches, welches sich später als Irrtum oder Fantasie entpuppen sollte. Beispielsweise nahm Mercator südlich von Island eine Insel mit Namen „Frislant" in seine Weltkarte auf, welche die Brüder Nicolo und Antonio Zeno erfunden hatten. Durch Mercators Karte offensichtlich bestätigt, übertrugen zahlreiche Kartographen bis ins 18. Jahrhundert diese Fälschung in ihre Werke. Wie sehr auch Gerhard Mercator noch in den Vorstellungen des späten Mittelalters verwurzelt war und auf welch unsicheren Quellen er sich stützen musste, verdeutlichen in seiner 1569 herausgegebenen Karte die Darstellungen von Meeresungeheuern, Riesen und Menschenfressern in Südamerika, vom „Priesterkönig Johannes" in Nordafrika und dem Idol „zolotaya baba" am Unterlauf des Ob in Sibirien.

Weltkarte in Mercator-Projektion, Plastic School Atlas, 1880
KSM/Peter Heberer

Mercators große Weltkarte – u. a. durch die realen Küstenlinien korrigiert – sehen wir gegenwärtig abends beim Einschalten eines Fernsehgeräts zu Beginn der „Tagesschau", beim Betrachten der Flugrouten im Bordbuch eines Flugzeugs oder beim Studium von Publikationen der heute geltenden Zeitzonen auf der Welt.

Der Universalgelehrte Gerhard Mercator zählt zweifellos noch gegenwärtig zu den bedeutendsten Europäern und war in seinem Denken und Handeln seiner Zeit in vielen Punkten weit voraus. Insbesondere durch die von ihm entworfene geniale „Mercator-Projektion" wurden wir stärker „vernetzt", was unser heutiges globales Denken nachhaltig prägt.

Weitere bedeutende Werke Gerhard Mercators

Globen, Vermessungsgeräte, Karten und Schriften

Zu den Globen

Bereits zwischen 1534 und 1536 wirkte Gerhard Mercator bei seinem ehemaligen Universitätslehrer Gemma Frisius an der Erstellung eines Erdglobus mit. Er war aber mit der Art und Weise, wie u. a. die Entdeckungen der Portugiesen in Indien dargestellt waren, so unzufrieden, dass er beschloss, selbst einen Globus anzufertigen, um seine eigenen Vorstellungen auf diesem aufzuzeigen. 1541 vollendete Mercator seinen eigenständig erarbeiteten Erdglobus im Maßstab ca. 1:30.000.000, auf dem er die aktuellsten Forschungsergebnisse und die daraus gewonnenen Erkenntnisse berücksichtigte. Dieses Werk widmete er Nicolaus Perrenot de Gravella (1486–1558), dem Staatssekretär und Siegelbewahrer Kaiser Karls V.

Mercators Erdglobus, der mit einem kaiserlichen Privileg für sechs Jahre versehen war, galt im Zeitalter der Entdeckungsfahrten als ein Meisterstück, da auf ihm u. a. die 1537 von dem portugiesischen Kosmographen Petro Nunes beschriebenen Loxodrome erstmalig in der Kartographie anschaulich dargestellt waren.[10] Diese krummläufigen Kurslinien erleichterten die Navigation auf den Meeren, da sie alle Meridiane im gleichen Winkel schneiden. Allerdings benutzte man kaum einen Globus an Bord eines schwankenden Schiffes und betrachtete ihn deshalb als ein bedeutendes „Navigationsinstrument auf festem Boden". Der Erdglobus erwies sich aber als recht nützlich für die von Rationalismus und Forschergeist geprägte Frühe Neuzeit und präsentierte den „Daheimgebliebenen" eine sich stetig erweiternde Welt.

Mercators Erdglobus, auf dem u. a. das Sternbild des Kleinen Bären mit dem Polarstern und andere besonders helle

10 Ingrid Kretschmer, Der Weg zu Mercatorglobus und Mercatorabbildung – Eine Feststellung anläßlich Publizierung und Verbreitung der Peters-Karte. In: Der Globusfreund 25/27, Festschrift zum 25jährigen Bestand des Coronelli-Weltbundes der Globusfreunde, Wien 1978, S. 151–153, hier S. 153.

Sterne, die Wende- und Polarkreise und der Tierkreis eingezeichnet sind, besteht aus zwei Halbkugeln, die aus Holzspänen und -stäbchen bestehen. Diese wurden am Äquator zusammengefügt und mithilfe einer hohlen Holzachse zwischen den beiden Polen miteinander verbunden. Auf diesem Körper wurde eine mit Sägemehl gemischte Gipsschicht gestrichen, auf die zwölf mit Kupferstichen versehene Papiersegmente und die beiden Polkappen geklebt sind. Erstaunlicherweise hat Mercator bis zu seinem Lebensende keine Veränderungen an seinem Erdglobus vorgenommen, obwohl zahlreiche neue Entdeckungsfahrten weitere Erkenntnisse über entlegene Gegenden – z. B. in Amerika und Asien – erbracht hatten.

1551 fertigte Gerhard Mercator als astronomisches Pendant zum Erdglobus einen Himmelsglobus gleicher Größe an (Durchmesser 41,5 cm, Gesamthöhe 50 cm), den er dem Bischof von Lüttich, Georg von Österreich, widmete. Bei diesem Globus ist der Nachthimmel mit etlichen Sternbildern – z. B. Schwan, Löwe, Leier, Centaur, Waage – versehen und scheinbar von außen betrachtet wiedergegeben. Neben den 48 ptolemäischen Konstellationen, die seit rund 1.400 Jahren allgemein Gültigkeit besaßen, zeichnete Mercator zwei zusätzliche: Antonius und Coma Berenices.[11] Der

11 Rudolf Schmidt, Himmelsgloben, Imagination und und Beobachtung. In: Die Welt in Händen – Globus und Karte als Modell von Erde und Raum, Staatsbibliothek Preußischer Kulturbesitz, Ausstellungskataloge 37, Berlin 1989, S. 23–42, hier: S. 26.

Gerhard Mercator, Erdglobus (l.), 1541
KSM

Gerhard Mercator, Himmelsglobus (r.), 1551
KSM

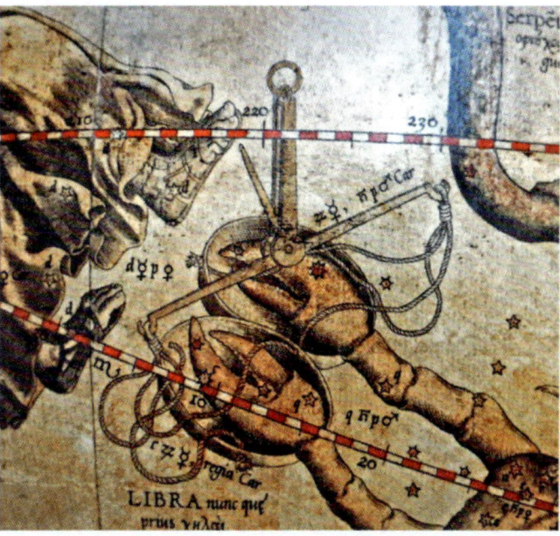

Sternbild Löwe, Detail von Mercators Himmelsglobus (l.), 1551
KSM/Peter Heberer

Sternbild Waage, Detail von Mercators Himmelsglobus (r.), 1551
KSM/Peter Heberer

Verkaufserlös der Globenpaare war für Mercator sicherlich eine beachtliche Einnahmequelle.

Auch andere Globen hat der Universalgelehrte angefertigt, so einen Erdglobus aus Holz in der Größe eines Kinderspielballs und einen kleinen Himmelsglobus aus Kristallglas mit eingeschnittenen und mit Gold eingelegten Sternbildern. Diese sind – wie auch die Gebrauchsanweisungen zu den Globen für Kaiser Karl V. – leider nicht erhalten geblieben. Darüber hinaus soll Mercator auch auf Bestellung Manuskriptgloben erstellt haben.[12]

Die 1991 bei Christie´s in London versteigerten sogenannten „Murad-Globen" mit einem Durchmesser von jeweils 29,6 cm aus Metallsegmenten, die dem Sultan Murad III gewidmet sind, stammen wohl nicht von Mercator oder aus seiner Werkstatt, wie dies in der Expertise behauptet wurde. Allerdings dürften die aus vergoldetem Kupferblech bestehenden Körper unter Heranziehung der Globen Mercators und seiner großen Weltkarte von 1569 angefertigt sein.

Nach Angabe von Peter van der Krogt sind gegenwärtig noch 22 Globenpaare von Mercator bekannt.[13] Diese werden u. a. in den Museen von Duisburg, Sint-Niklaas, Lüneburg, im Keplerhaus Regensburg, im Fürst Thurn und Taxis

12 Peter van der Krogt, Gerhard Mercator kartiert die Erde – Erdgloben, Wandkarten, Atlanten. In: Die Welt des Gerhard Mercator – Karten, Atlanten und Globen aus Duisburg, Duisburg 2006, S. 16–55, hier S. 27.

13 Peter van der Krogt, Globi Neerlandi – The production of globes in the Low Countries, Utrecht 1993, S. 68.

Zentralarchiv Regensburg, im Globenmuseum Wien und in der Universitätssammlung von Krakau aufbewahrt. Daneben gibt es noch neun einzelne Erdgloben u. a. in Dresden, Ingolstadt, Weimar und Wolfenbüttel und acht einzelne Himmelsgloben u. a. in Berlin und München. Sie gehören zu den herausragendsten Exponaten der jeweiligen Sammlungen.

Das im Kultur- und Stadthistorischen Museum Duisburg vorhandene originale Globenpaar des Universalgelehrten gehört zu den am besten erhaltenen Exemplaren. Es wurde von dem damaligen Duisburger Kommerzienrat und Fabrikanten Theodor Böninger für die ehemals stattliche Summe von 20.000 Goldmark in Italien erworben und 1908 der Stadt Duisburg zur Ergänzung der Mercator-Sammlung geschenkt.[14]

Zu den Vermessungsgeräten

Von Gerhard Mercator ist bekannt, dass er schon als Student in Löwen wissenschaftliche Instrumente baute. In der „Vita Mercatoris" von Walter Ghim schreibt der Biograph des Universalgelehrten „... er gab also das Studium der Philosophie auf und wandte sich der Mathematik zu. Um diese Wissenschaft bemühte er sich so gewissenhaft, daß er schon nach sehr wenigen Jahren deren Anfangsgründe bei einigen Studenten privat unterrichtete und mathematische Instrumente, nämlich Globen, Astrolabia, astronomische Ringe und anderes dieser Art aus Messing nach und nach anfertigte und herstellte."[15]

dan sind / das haupt / die arm / die brust / der bauch / die sc
füß. Darnach nimpt er für sich in sunderheit die kleine g

Ptolemeus der hoch gelert astronomus.

te gefaßt / vnd aller dingen / so auff der erden gefunden
breite verzeichnet / solich geschrifft ist einem yedem geschi

Sebastian Münster, Ptolemäus mit Vermessungsgerät. Beschreibung aller Lender, Basel 1545 KSM

14 Bericht in der Rhein-und Ruhrzeitung, Duisburg 1. Okt. 1908.
15 Vgl. Anm. 3, S. 247.

Gerhard Mercator war in Löwen als Landvermesser und Instrumentenbauer so erfolgreich, dass er auf Empfehlung von Nicolaus Perrenot von Granvella sogar für Kaiser Karl V. arbeitete. Er schuf „sehr viele mathematische Instrumente mit größter Kunst, die im sächsischen Kriege, wie ihm der Kaiser nach seiner Rückkehr aus Deutschland in Brüssel erzählte, nicht weit von Ingolstadt im Herzogtum Bayern in einer Scheune durch ein von den Feinden heimlich entzündetes Feuer zerschmolzen und vernichtet wurden, weswegen er sich durch Mercator neue anfertigen ließ".[16] Für den Erzbischof von Valencia und den Bischof von Arras erstellte er ebenfalls Vermessungsgeräte.

In der 1914 erschienenen Publikation von Averdunk und Müller-Reinhard findet sich folgender Text des Professors der Medizin und Mathematik der Universität Löwen, Petrus Beausard, aus dem Jahre 1553 zu den astronomischen Ringen Mercators: „Zu den besagten Ringen kann ein fünfter hinzukommen – gewöhnlich waren es nur vier – der den Horizont vertritt, wie ihn in den letzten Jahren für Karl V. mit großer Sorgfalt und Geschicklichkeit Gerhard Mercator angefertigt hat, der geschickteste Mann unserer Zeit in der Herstellung von solchen Instrumenten; dadurch kommt die Armillarsphäre an Zuverlässigkeit und Anwendungsfähigkeit dem Astrolabium gleich."[17] Leider ist die Gebrauchsanweisung zu den astronomischen Ringen für Kaiser Karl V. verlorengegangen.

Gerhard Mercator, Astrolabium aus Florenz, nach 1552
Sailko, CC BY-SA 3.0

Lange galten die von Mercator geschaffenen Instrumente als verschollen. 1992 entdeckten aber Gerhard L'E. Turner und Elly Dekker drei Astrolabien in Florenz, Brünn und Augsburg, die sie Mercator zuordnen konnten.[18] Das Exemplar aus Brünn trägt sogar ein Monogramm mit

16 Vgl. Anm. 3, S. 249 f.

17 Heinrich Averdunk und Josef Müller-Reinhard, Gerhard Mercator und die Geographen unter seinen Nachkommen, Gotha 1914, S. 5 f.

18 Gerard LÉ. Turner and Elly Dekker, An Astrolabe attributed to Gerhard Mercator, c.1570, In: Annals of science 50, 1993, p. 403–443.

den Buchstaben „GMR" – Gerardus Mercator Rupelmundanus. Das Astrolabium aus Florenz hat noch sieben Einsatzscheiben, die nach Vermutungen von Turner und Dekker um 1570 in der Werkstatt des Universalgelehrten in Duisburg von seinem Sohn Rumold graviert wurden. Eine dieser Scheiben zeigt die nördliche Hälfte der Erde in der Polarstereographischen Projektion. Sie unterstreicht das große Interesse des Universalgelehrten an dem Nordpolargebiet und gibt mit den um den geographischen Nordpol gruppierten vier großen Inseln seine Vorstellung von diesem Gebiet wieder.

Mercator war offensichtlich fest davon überzeugt, dass Fahrten durch das Nordpolargebiet möglich seien. So schrieb er u. a. am 28. Juli 1580 an den englischen Geographen Richard Hakluyt, dass eine Reise nach Kathay (China) auf dem östlichen Weg ohne Zweifel sehr leicht und kurz sei, und er habe sich oft gewundert, dass eine solche, trotz geglückter Anfänge, nicht weiter fortgesetzt würde. Er gibt eine Beschreibung der nordöstlichen Durchfahrt und erteilt Ratschläge, hinter Nova Zembla ein Stammquartier zu beziehen, um von dort aus Handel mit wertvollen Waren aus China und

Gerhard Mercator junior, Asien, 1595
Library of Congress, Rosenwald Collection

anderen östlichen Ländern zu betreiben. Bei der Weiterfahrt um das sich weit nach Norden erstreckende Vorgebirge Tabin müsse man wegen der Nähe zum magnetischen Pol sehr vorsichtig sein, da bei Unkundigen es leicht zu Irrfahrten durch das Schwanken der Magnetnadel kommen könne. Sollte sich eine solche Reise bis zum Winter verzögern, so könne man in einem geeigneten Hafen überwintern und von da aus mit dem „großen Chan" in Verhandlungen treten.[19]

Zu den Karten

In die Zeit von Mercators Aufenthalt in Löwen fallen so bedeutende Werke wie die 1537 gestochene Karte des Heiligen Landes, die kleine Weltkarte in doppelherzförmiger Projektion von 1538, die Anleitung über die Anwendung der Kursivschrift auf Karten von 1540, die im selben Jahr erstellte Flandernkarte, der eigene Erdglobus von 1541 und der Himmelsglobus von 1551. Diese Arbeiten begründeten Mercators Ruhm als hervorragender Kartograph. Der Universalgelehrte führte eine ausgedehnte Korrespondenz und wertete für seine Arbeiten sowohl die neuesten und besten Reisebeschreibungen als auch entsprechende Seekarten und Schiffsanweisungen aus. Seit seiner Übersiedelung nach Duisburg im Jahre 1552 entstanden große Wandkarten wie die Europakarte 1554 (2. Auflage 1572), die Karte von Lothringen 1563/64, die Karte der Britischen Inseln 1564 und die Weltkarte „Ad usum navigantium" von 1569 in der später sogenannten „Mercator-Projektion".

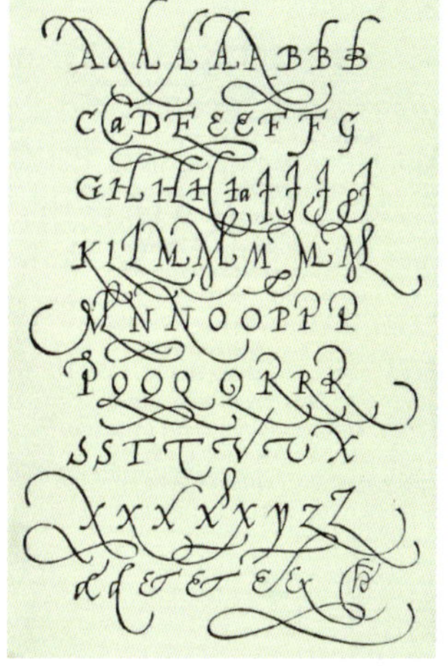

Gerhard Mercator, Buchstaben aus der Anleitung zur Kursivschrift auf Karten und Globen „Litterarum Latinarum", 1540
KSM/Peter Heberer

Besonders begehrt war die aus 15 Blättern bestehende 159 cm x 132 cm große Europakarte Mercators, auf der die überholten Vorstellungen des Claudius Ptolemäus (ca. 100–180 n. Chr.) weitgehend verbessert und die Lage der

19 Vgl. Anm. 17, S. 114 f.

Länder Europas zueinander annähernd richtig wiedergegeben wurden. Etwa 150 Jahre lang war diese Karte Vorbild für die nachfolgenden Kartographen und unterstrich Mercators Ruhm als einer der besten Kartenstecher seiner Zeit.

Nach der Fertigstellung der großen Weltkarte von 1569 rekonstruierte Mercator die um 140 n. Chr. entstandene und später verlorengegangene achtbändige Ausgabe mit den rund 8.000 Angaben von Koordinaten zu Städten der Antike von Claudius Ptolomäus und gab diese 1578 heraus (2. Auflage 1584). Der Biograph des Universalgelehrten, Walter Ghim, berichtet darüber:[20] „Als er die genannten Tafeln vollendet hatte, machte er sich daran, die einst herausgegebenen Tafeln des Claudius Ptolemaeus, der unter dem Kaiser Antonius Pius in der Blüte seines Schaffens stand, zu erneuern und von Fehlern zu reinigen, und er stellte die alte ‚Geographie' im Sinne des Autors mit solcher Sorgfalt wieder her und emendierte sie, daß er daraufhin mit bestem Recht die außerordentliche Empfehlung von Seiten derer, die die freien Künste und mathematischen Disziplinen pflegen, verdient hat. Dieses mühevolle Werk brachte er zu Ende im Jahre 1578 im Februar …"

Die mit 28 Karten versehene Ptolomäus-Ausgabe Gerhard Mercators wurde noch bis 1698 in zahlreichen Editionen in den Niederlanden herausgegeben.

Gerhard Mercator, Weltkarte aus Ptolemäus-Ausgabe, 1578
KSM

20 Vgl. Anm. 3, S. 253.

Der Universalgelehrte hatte stets für die Erstellung seiner Karten das gesamte ihm damals zugängliche Quellenmaterial äußerst sorgfältig und kritisch durchgearbeitet. Die Ergebnisse sollten in seinen „Atlas" einfließen, bestehend aus einer biblischen Schöpfungsexegese als Textteil und einer Kartensammlung mit den jeweiligen Erläuterungen. Namensgebend für dieses kartographische Werk war der fiktive lydische König „Atlas", der sich im Altertum als Philosoph und Astronom durch umfassende naturwissenschaftliche Kenntnisse ausgezeichnet und die erste Himmelskugel angefertigt haben soll.[21] Diesem wollte der Universalgelehrte in seinem Bestreben, eine universale Kosmographie zu publizieren, nacheifern. Die ersten vier Teile zu dem Kartenwerk Gerhard Mercators erschienen 1585 und 1589 als mit „Tabulae geographicae ..." bezeichnete Kartenblattfolgen in Duisburg als Vorstufen zum Atlas. Sie umfassen Gallien, Belgien, Germanien und als letzten Teilband Italien, Slowenien und Griechenland.

Gerhard Mercator, Titelblatt der Edition „Germaniae tabulae geographicae", 1585
KSM

Den 26 Karten des deutschen Reiches – einschließlich Polen und Ungarn – ist ein Blatt mit dem Titel „Germaniae tabulae geographicae" vorangestellt. Das hübsche Titelblatt in barocker Manier ist auch in den späteren Atlas-Editionen enthalten. U. a. sind auf ihm zwei unbekleidete Frauengestalten abgebildet. Vermutlich handelt es sich hierbei um eine allegorische Darstellung der „Germania" in Vorder- und Rückenansicht.

Die „Germania" galt lange Zeit als Personifikation Germaniens bzw. Deutschlands. In der römischen Antike wurde sie als trauernde Gefangene, im Hochmittelalter

21 Heinrich Averdunk, Geschichte der Stadt Duisburg bis zur endgültigen Vereinigung mit dem Hause Hohenzollern 1666, Duisburg 1884, S. 710 f.

als gekrönte Frau und im 19. Jahrhundert als gewappnete Walküre dargestellt. Seit 1840 wurde sie zu einer volkstümlichen Symbolfigur. Bereits der reformierte Theologe und Kartograph Sebastian Münster zeichnete eine unbekleidete Frauengestalt auf das Titelblatt seiner 1530 publizierten Schrift „Germaniae ... descripta", und das Titelblatt zum Germania-Teil des De Jode-Atlas von 1578 zeigt zwei Frauengestalten, die die Attribute der Gerechtigkeit und des Friedens in den Händen halten. Möglicherweise haben solche Darstellungen, die Mercator wahrscheinlich bekannt waren, ihn bei der Zeichnung des Titelblattes zu seinen Germania-Karten beeinflusst.

Auf Mercators Darstellung richtet die rechte Figur ihr Haar, ein Synonym für das Ordnen der Gedanken, und blickt dabei in einen Handspiegel. Der Spiegel gilt als Symbol der „Vanitas" (u. a. Schein und Eitelkeit), aber auch als solches der „Prudentia" (Klugheit und Wissenschaft). Die links abgebildete weibliche Figur hält in der rechten Hand einen Stechzirkel, das Attribut für den Kartographen. Mit diesem Vermessungswerkzeug ist der Universalgelehrte auf

Gerhard Mercator, Germania Universalis, 1585
KSM

der 1574 von Frans Hogenberg gestochenen Abbildung und auch auf dem Epitaph in der Duisburger Salvatorkirche dargestellt. Die beiden Attribute Spiegel und Zirkel in den Händen der „Germania-Figuren" sind wohl von Mercator mit Bedacht gewählt worden. Mit diesen weist er sich als ein der Wissenschaft zu höchster Sorgfalt verpflichteter Kartograph aus. Peter Mesenburg, der die Genauigkeit der Mercator-Karten anhand des Blattes „Germaniae Universalis" von 1585 analysiert hat, kommt zu dem Ergebnis, dass das Gebiet Germaniens von Mercator mit erstaunlicher Genauigkeit wiedergegeben ist. U. a. schreibt er: „Diese verblüffende Genauigkeit der untersuchten Landkarte aus dem Jahre 1585 lässt sich nach derzeitigem Wissensstand über mittelalterliche vermessungstechnische Instrumente, Verfahren und realisierte Landvermessungen nicht erklären. Sie ist allenfalls vergleichbar mit der Genauigkeit mittelalterlicher Portolane (Seekarten), die im Rahmen ähnlicher Untersuchungen ebenfalls als Zeitdokumente bravouröser Ingenieursleistungen erkannt wurden. Aber auch deren Ursprung liegt letztendlich noch im Dunkeln."[22]

Das Erscheinen des gesamten Atlasses, der keine Karten in der „Mercator-Projektion" enthält, erlebte der Universalgelehrte nicht mehr. Das fertige Werk wurde 1595, ein Jahr nach seinem Tod, von seinem Sohn Rumold um 33 Karten ergänzt – darunter Rumolds bereits 1587 erschienene Weltkarte – in Duisburg herausgegeben. Der Titel lautet „Atlas sive Cosmographicae meditationes de fabrica mundi et fabricati figura" (Atlas oder kosmographische Gedanken über die Erschaffung der Welt und die Gestalt des Geschaffenen). Die aus der „Schöpfungsgeschichte" und 107 mit Randgraduierung versehenen Karten bestehende erste Ausgabe erschien 1602 ein zweites Mal in Duisburg. Die beigefügten Erdteilkarten sind nach Vorlage von Mercators großer Weltkarte von 1569 gestochen, allerdings in einer anderen Projektion. Die Europakarte fertigte Rumold Mercator, die Karten von Afrika und Asien Gerhard Mercator junior (Rumolds 2. Sohn) und die Amerikakarte sein dritter Sohn Michael.

22 Peter Mesenburg, Germaniae Universalis – Die Genauigkeit der Darstellung Europas durch Gerhard Mercator im Jahre 1585. In: Gerhard Mercator – Europa und die Welt, Ausstellungskatalog Kultur- und Stadthistorisches Museum Duisburg, Duisburg 1994, S. 221–234, hier S. 229.

1603 wurde der Atlas auf den „Index librorum prohibitorum", das Verzeichnis der verbotenen Bücher der römisch-katholischen Kirche, gesetzt, „weil er [Mercator] behauptete, die Erbsünde sei auch noch im Getauften wirksam".[23] 1604 verkauften die Erben des Universalgelehrten den gesamten Bestand der Kupferplatten des Atlasses an Jodocus Hondius, der ab 1606 in Amsterdam den „Gerardi Mercatoris Atlas" in zahlreichen, ständig überarbeiteten Ausgaben vertrieb. Der Atlas galt im Zeitalter der Entdeckungen als „Bestseller". Neben den erstmals 1607 erschienenen „Minor-Ausgaben" in verkleinertem Format mit zum Teil vereinfachten Karten wurden von 1606 bis 1641 21 Folio-

Gerhard Mercator junior, Afrika-Karte im „Mercator-Atlas", 1595
Library of Congress, Rosenwald Collection

Ausgaben – darunter fünf in zwei Teilen – in verschiedenen Sprachen herausgegeben: 11 lateinische, 4 französische, 2 deutsche, 1 holländische und 3 englische Editionen. Dabei stieg die Anzahl der Karten von 144 in der lateinischen Ausgabe von 1606 bis auf 264 in der deutschen von 1636.[24]

Mercator hatte offensichtlich nie an eine verkleinerte Ausgabe seines Atlasses gedacht, denn es sind keine

23 Vgl. Anm. 17, S. 64, Anmerkung 2.
24 Vgl. Anm. 12, S. 54.

entsprechenden Vorarbeiten zu einem „Minor-Atlas" von ihm bekannt geworden. Die erstmals ab 1607 von Jodocus Hondius herausgegebenen „Minor-Atlanten" – wahrscheinlich aus werbewirksamen Gründen mit dem Namen Gerhard Mercators im Titel versehen – waren preislich wesentlich günstiger und wurden offensichtlich – was durch handschriftliche Einträge in den Texten und Karten in den erhaltenen Exemplaren ersichtlich ist – rege benutzt. Sie erschienen mit Texten in lateinischer, französischer, deutscher, englischer und niederländischer Sprache. Während die teuren Folianten eher „Repräsentationsstücke" waren, die sich nur vermögende Bürger leisten konnten, dienten die Miniaturausgaben wohl als „Lehrbücher" für Studenten oder als Reiseführer für Angehörige gehobener Bevölkerungsschichten auf deren Bildungsreisen. Die „Minor-Atlanten" wurden nach dem Tode von Jodocus Hondius von seinem Sohn Jodocus II., später von Johannes Janssonius und ab 1630 von Jan Evertsz Cloppenburg stets mit weiteren Karten und Texten ergänzt. Bis Ende des 17. Jahrhunderts erschienen noch weitere Ausgaben, darunter auch eine türkische.[25]

Titelblatt des Minor-Mercator-Atlasses von Jodocus Hondius, 1607
KSM

Wahrscheinlich hat Gerhard Mercator schon vor dem Erscheinen der „Germania-Edition" von 1585 eine „Teutschlandkarte" oder eine Sammlung von „Teutschlandkarten" für eine interessierte Käuferschicht zusammengestellt, die lediglich die Gebiete berücksichtigte, die damals deutschsprachig waren

25 Vgl. Anm. 17, S. 105.

Titelkartusche zu einer „Teutschlandkarte" bzw. zu einer Sammlung von Karten Gerhard Mercators zu „Teutschland", vor 1585
KSM/Peter Heberer

und zu einem „teutschen Kulturkreis" gehörten. Eine solche „Vorablieferung" wäre wohl nicht identisch mit den 26 Germania-Karten der „Germania-Edition" von 1585, die über den Raum des ehemaligen „Heiligen Römischen Reiches" in seiner größten Ausdehnung hinausgeht und u. a. Polen, Südschweden und das Baltikum umfasst. Die überklebte Titelkartusche zu einer „Teutschlandkarte" mit dem Titel von Mercators Weltkarte von 1569 in der Biblioteca Alessandrina Rom, auf die Peter H. Meurer in seinem Corpus der älteren Germania-Karten hinweist[26], und eine auf der Innenseite der Schutzhülle für die Globensegmente vom Erd- und Himmelsglobus des Universalgelehrten[27] tragen folgenden Text: „Teutschland mit den umligenden grenzen, gar vlyßich describiert, und im druck auß gegeben, durch Gerardus Mercatorem, des Hochgebornen Fürsten und Hern Hertzogen zu Gulich & c. Cosmographum Zu Duysburgh."

Auf dem bekannten Porträt von 1574 ist der 62-jährige Gerhard Mercator mit einem Zirkel – im Mittelalter und der Frühen Neuzeit u. a. als Symbol für die kosmische Ordnung – und einem Globus – dem Sinnbild für die Universalität – dargestellt. Selbstbewusst weist er mit einer der beiden Zirkelspitzen auf den markierten „Polus magnetis" hin, der als schwarzer hoher Felsen auch auf der Weltkarte von 1569 und auf der Nordpolkarte im Maßstab 1:20.000.000 mit dem Titel „Septentrionalium Terrarum descriptio" in dem posthum 1595 herausgegebenen Atlas enthalten ist. Als Erster trug Mercator auf seinem Erdglobus von 1541 die „Magnetu insula", die „Magnetberg-Insel" ein, obwohl er erst später mithilfe mathematischer Berechnungen die Lage des Magnetpols erkannte und diese anhand der unterschiedlichen

26 Peter H. Meurer, Corpus der älteren Germania-Karten. Ein annotierter Katalog der gedruckten Gesamtkarten des deutschen Raumes von den Anfängen bis um 1690, Alphen aan den Rijn 2001, S. 422, Anm. 9 und Abb. 8–8, S. 423; ders., De Duitse Wereld. In: M. Watelet (Hrsg.), Gerardus Mercator Rupelmundanus, Antwerpen: Mercatorfonds Paribas 1994, S. 338.

27 Gernot Tromnau, Gerhard Mercators Teutschlandkarte. In: Duisburger Forschungen, Band 59, Duisburg 2013, S. 237–244, hier 240.

Abweichungen der Kompassnadel von verschiedenen geographischen Standorten aus festlegen konnte.

Frans Hogenberg bzw. Hendrick Goltzius, Porträt Gerhard Mercators, 1574
gemeinfrei

Offensichtlich hatte sich Mercator schon lange für die Abweichungen der Magnetnadel interessiert. Die Missweisungen waren damals den Navigatoren bekannt, und man war sich dessen bewusst, dass es wohl zwei verschiedene Pole geben müsste, nämlich den geographischen, an dem die Meridiane zusammenlaufen, und den magnetischen, auf den die Kompassnadel weist. Mercator war der Überzeugung, dass sich der magnetische Pol nicht, wie damals allgemein angenommen, am Himmel, sondern auf der Erde befinden müsste. In einem Brief vom 23. Februar 1546 an seinen Studienfreund und Gönner, den Kardinal Antoine Perrenot de Granvelle (1517–1586) erbrachte er dafür die wissenschaftliche Begründung. Obwohl sich in der Bibliothek Mercators das 1543 erschienene Werk über die Kreisbewegungen der Weltkörper „De revolutionibus orbium coelestium libri VI" von Nikolaus Kopernikus befand, das er offensichtlich durchgearbeitet und mit Anmerkungen versehen hat, weist der Brief an Antoine Perrenot de Gravelle eindeutig auf Mercators Überzeugung hin, die Erde sei fest und unbeweglich. Wäre der magnetische Pol am Himmel – so seine Argumentation –, dann müsste bei der täglichen Umdrehung des Himmelsgewölbes um die Erde die Nadel stets in eine andere Richtung weisen, was ja nicht der Fall ist. Der Universalgelehrte gab in dem Schreiben die ungefähre Lage des magnetischen Pols mit 79° nördlicher Breite und 168° östlicher Länge an, die er später mehrfach korrigierte.[28]

Aufgrund einer schweren Erkrankung, die er sich 1564 während einer Reise nach Nancy zur Übergabe seiner fertiggestellten Lothringenkarte an Herzog Karl II. von Lothringen

28 Vgl. Anm. 17, S. 121–124, und Thomas Horst, Die Welt als Buch – Gerhard Mercator (1512–1594) und der erste Weltatlas, Gütersloh/München 2012, S. 62.

Magnetischer Pol. Ausschnitt aus der Karte des Nordpolargebietes von Gerhard Mercator im „Mercator-Hondius-Atlas", 1606
KSM/Peter Heberer

zugezogen hatte,[29] konnte Gerhard Mercator selbst keine eigenen Vermessungsarbeiten mehr durchführen[30] und war seitdem bei der Erstellung seiner späteren Karten auf Informationen aus zuverlässigen Quellen angewiesen. Es stellen sich somit Fragen, wer ihm die zahlreichen Daten dafür geliefert hat und wie schnell und auf welchen Wegen er diese erhielt.

Gerhard Mercator „Lotharingia Ducatus" im „Mercator-Atlas", 1595
Library of Congress, Rosenwald Collection

29 Vgl. Anm. 3, S. 252.
30 Rolf Kirmse, Zu Mercators Tätigkeit als Landmesser in seiner Duisburger Zeit. In: Duisburger Forschungen, Band 6, Duisburg-Ruhrort 1962, S. 107.

Recht gute Einblicke in die Arbeitsweise Mercators bietet die Korrespondenz zwischen ihm und Heinrich Rantzau.[31] Von der auf mehrere tausend Briefe geschätzten Korrespondenz Mercators mit zahlreichen Gelehrten und anderen Personen seiner Zeit sind nur einige wenige erhalten geblieben.[32] Darunter befinden sich fünf an Heinrich Rantzau gerichtete Exemplare.

Hendrick Goltzius, Heinrich Rantzau, Kupferstich, vor 1587
Österreichische Nationalbibliothek

Heinrich Rantzau (1526–1598) wurde 1556 als königlicher Statthalter in den Herzogtümern Schleswig und Holstein vom dänischen König Christian III. eingesetzt. Er bekleidete dieses herausragende Amt bis kurz vor seinem Tode. Sein überaus großer Reichtum, seine vielseitigen Interessen und beachtlichen eigenen Forschungen auf verschiedenen wissenschaftlichen Gebieten zeichneten ihn als eine herausragende Persönlichkeit in der zweiten Hälfte des 16. Jahrhunderts in Nordeuropa aus. U. a. erfasste er eine Landesbeschreibung der Cimbrischen Halbinsel und gab auch Anregungen für ausländische Kartenwerke. Besonders seine Beteiligung an dem berühmten Städtebuch von Braun und Hogenberg „Civitates Orbis Terrarum" und die Unterstützung Mercators bei der Erstellung der Skandinavien-Karten für den geplanten „Atlas" des Universalgelehrten waren von besonderer Bedeutung im damaligen europäischen Wissensaustausch.[33]

Am Briefwechsel zwischen Heinrich Rantzau und Gerhard Mercator lassen sich interessante Einblicke in das „Postwesen" des 16. Jahrhunderts aufzeigen. Diese geben Auskunft

31 Vgl. Anm. 17, S. 119 ff.

32 Rolf Kirmse, Mercator-Korrespondenz – Betrachtungen zu einer neuen Publikation. In: Duisburger Forschungen Band 4, Duisburg 1961, S. 6.

33 Reimer Witt, Anmerkungen zum Katalog. In: Heinrich Ratzau und das Problem des europäischen Friedens in der zweiten Hälfte des 16. Jahrhunderts, Katalog: Heinrich Rantzau (1526–1598) – Königlicher Statthalter in Schleswig-Holstein. Ein Humanist beschreibt sein Land, Veröffentlichungen des Schleswig-Holsteinischen Landesarchivs 64, 1999, S. 7.

über die Mühen, die Gerhard Mercator aufbringen musste, um an die für ihn wichtigen Informationen zu gelangen. Einem Schreiben vom 31. Mai 1585 lässt sich entnehmen, dass es am 17. April 1585 von Rantzau in Segeberg geschrieben wurde und am 15. Mai in Duisburg eintraf.[34] Somit war es bei einer Entfernung zwischen beiden Städten von ca. 450 bis 500 km 28 Tage unterwegs und wurde zwei Wochen später beantwortet. Einem Brief vom 14. April 1586 zufolge trafen zwei Sendungen Rantzaus vom 5. und 11. März 1586 zusammen am 12. April bei Mercator ein und waren somit mindestens 32 Tage unterwegs. Auf diese Sendung antwortete Mercator bereits zwei Tage später.[35]

Gerhard Mercator, Karte von Dänemark „Daniae Regnum", im posthum von Rumold Mercator herausgegebenen „Mercator-Atlas", 1595
Library of Congress, Rosenwald Collection

Schriftliche Nachrichten wurden damals in der Regel durch Boten oder Reiter direkt an den Adressaten geschickt. Einige Universitäten und Herrscherhäuser unterhielten eigene Botendienste, so auch Heinrich Rantzau.[36]

Dass bei dem Universalgelehrten Mercator auch ein großes Interesse am Altertum bestand, lassen einige Eintragungen

34 Vgl. Anm. 17, S. 119.

35 Vgl. Anm. 17, S. 120.

36 Gernot Tromnau, Anmerkungen zur Erstellung von Gerhard Mercators Karten. In: Duisburger Forschungen, Band 59, Duisburg 2013, S. 223–235, hier S. 230.

Gerhard Mercator, Ausschnitt aus „Graecia" mit dem Eintrag von Tyrin, 1589
KSM/Peter Heberer

Gerhard Mercator, Ausschnitt aus „Graecia" mit dem Eintrag von Marathon, 1589
KSM/Peter Heberer

auf seinen Karten erkennen. So hat er auf seiner Griechenlandkarte die Ruinen von Tyrin, die antiken Orte Delphi, Aulis, Korinth, Marathon und die Thermopylen verzeichnet. Interessant ist auch, dass von ihm in der Mitte der Karte von Candia (Kreta) das Labyrinth (Laberinto) eingetragen wurde, das man damals in dem Höhlensystem des Ida-Gebirges vermutete. Auf einer weiteren Nebenkarte sind auf Santorin an zwei Stellen Hinweise auf Ruinen zu finden, die vermutlich sichtbare Überreste von archaischen Palastanlagen darstellen. Auch auf der Sizilien-Karte in dem „Europa-Atlas", den der Universalgelehrte um 1570–1572 als Kartenwerk für den Kronprinzen Karl Friedrich von Kleve zusammengestellt hat, weist Gerhard Mercator auf alte Ruinen hin und trägt im Süden der Insel die Fundstätten Agrigention (Agrigento) und Alazara Trefutane (Selinunte bei Marinella) ein.

Detail mit eingetragenem Labyrinth-Zeichen und dem Namen „Laberinto“ aus der „Candia-Karte“ im „Mercator-Hondius-Atlas“, 1606
KSM/Peter Heberer

Gerhard Mercator, Ausschnitt aus der Karte „Holsatia ducatus“ mit dem Eintrag des Danewerks im posthum von Rumold Mercator herausgegebenen „Mercator-Atlas“, 1595
KSM/Peter Heberer

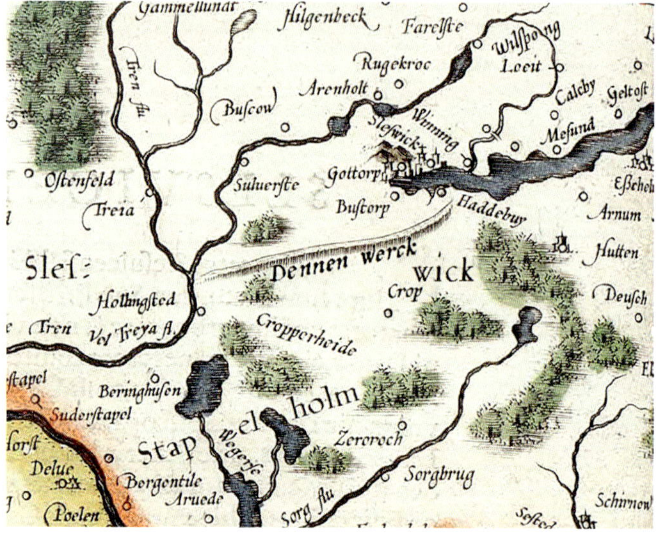

Mercator hat auch ältere ihm zugängliche Karten benutzt und für die Erstellung eigener Werke ausgewertet. So ist auf seiner „Daniae-Karte“ das Danewerk am Ende der Schlei bei Gottorp bis Hollingstedt an der Eider angegeben und auf seiner „Daniae III. Tabula/Holsatia“ deutlich mit der Nennung „Dennen werck“ bezeichnet. Wahrscheinlich fußt dieser Eintrag auf der „Carta marina“ von Olaus Magnus, auf der das Danewerk als ein „Phantasiegebilde“, bestehend aus Mauern und Wehrtürmen, mit der Bezeichnung „Munimentum Danavirke“ abgebildet wurde oder auf der

Gerhard Mercator, Ausschnitt aus einer Karte ohne Titel (Westfaliae II) mit Eintrag der „Externsteine", 1585
KSM/Peter Heberer

Schleswig-Holstein-Karte des Marcus Jordanus von 1559, auf der es richtigerweise als eine Wallanlage mit der Bezeichnung „Dennewerck" von der Schlei bis zur Eider bei Hollingstedt verläuft.

Eine weitere monumentale Lokalität des Altertums, die Externsteine am Rande des Teutoburger Waldes in der Nähe des Städtchens Horn bei Detmold, hat Gerhard Mercator in einer seiner Germania-Karten eingetragen. Diese Felsengruppe beeindruckte wohl schon immer Menschen und wurde sehr unterschiedlich gedeutet. Das Naturdenkmal wurde wiederholt artifiziell umgestaltet. Davon zeugen Treppenanlagen, in die Felsen geschlagene Räume und vor allem das Großrelief der Kreuzabnahme Christi, das als früheste christliche Monumentalplastik in Deutschland gilt. Es wurde vermutlich um 1130 von Mönchen aus Paderborn zusammen mit sakralen Räumen aus den Felsen herausgemeißelt und zählt zu den bedeutendsten Zeugnissen seiner Art in Nordeuropa. Ob es sich bei den Externsteinen ursprünglich um ein sächsisches Heiligtum gehandelt hat, ist strittig. Verschiedene archäologische Untersuchungen erbrachten nur spärliche Bodenfunde, die allerdings Hinweise auf Aufenthalte von Menschen in diesem Areal in prähistorischer und historischer Zeit geben.

Externsteine bei Horn, Kreuzabnahmerelief
Tsungam, CC BY-SA 4.0

Die erste schriftliche Quelle über die Externsteine stammt von dem Lemgoer Pfarrer Hermann Hamelmann, der sie 1564 als ein heidnisches Heiligtum beschrieb, das angeblich von Karl dem Großen in eine christliche Kultstätte umgewandelt worden sei. Gerhard Mercator wird diese Schrift Hamelmanns vermutlich gekannt haben. Auf seiner Westfalen-Karte in der „Germania-Edition" von 1585 und in den Atlanten ab 1595 ist die Bezeichnung „Esternen Stein" (Elsternstein) an richtiger Stelle bei Horn eingetragen.

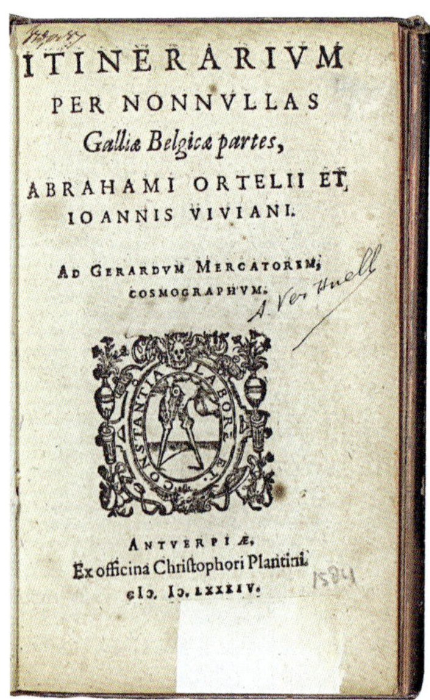

ITINERARIVM
PER NONNVLLAS
Galliæ Belgicæ partes,
ABRAHAMI ORTELII ET
IOANNIS VIVIANI.
AD GERARDVM MERCATOREM,
COSMOGRAPHVM.
CONSTANTIA LABORE
ANTVERPIÆ,
Ex officina Christophori Plantini.
CIƆ. IƆ. LXXXIV.

Abraham Ortelius/ Johannes Vivianus, Titelblatt des Reiseberichts „Itinerarium per nonnulas Galliae Belgicae partes" (Reiseweg durch einige Gebiete des belgischen Galliens), 1584
KSM

Hinweise auf römische Hinterlassenschaften sind weitere Beispiele, die in einem Zusammenhang mit Mercators Interesse an der Antike zu sehen sind. Als Hommage an den Universalgelehrten kann der Reisebericht „Itinerarium per nonnullas Galiae Belgicae partes" (Reiseweg durch einige Gebiete des belgischen Galliens) angesehen werden, der von Abraham Ortelius und Johannes Vivianus verfasst und Mercator gewidmet wurde.[37]

37 Ruth Löffler, Ein Reisebericht des 16. Jahrhunderts – … grüßen Gerhard Mercator vielmals! In: Anm. 17, S. 68–80.

Obwohl die Reise bereits 1575 stattfand, wurde der in Briefform geschriebene Bericht erst 1584 bei Christoph Plantin in Antwerpen verlegt. In diesem sind u. a. ausführlich die Sammlung von antiken Grabsteinen im Palast des Grafen von Luxemburg beschrieben und deren Inschriften wiedergegeben. Neben den Barbarathermen in Trier ist in der Publikation das große römische Grabmal im Dorf Igel bei Trier abgebildet. Die etwa 23 Meter hohe, aus rötlichem Sandstein gefertigte „Igeler Säule" wurde um 250 n. Chr. für die römische Tuchhändlerfamilie der Secundierer errichtet und ist mit zahlreichen Reliefs aus dem damaligen Alltags- und Berufsleben und mythologischen Szenen verziert. Erstmals wurde sie 1512 von Willibald Pirckheimer beschrieben und somit der „Gelehrtenwelt" der Frühen Neuzeit bekannt gemacht.

Igeler Säule bei Trier, aus dem „Itinerarium" von Abraham Ortelius/ Johannes Vivianus, 1584
KSM/Peter Heberer

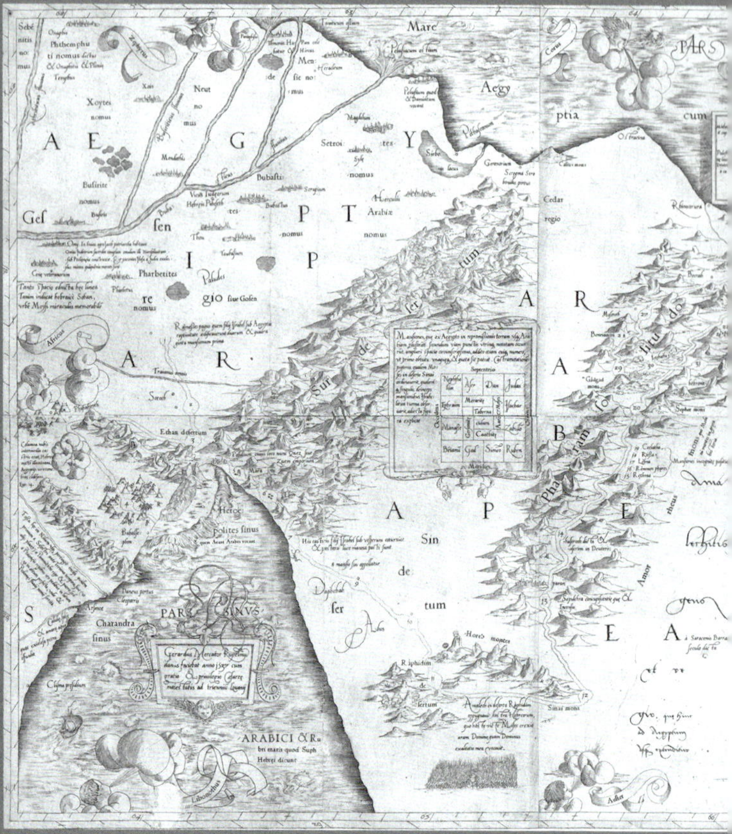

Gerhard Mercator, Palästinakarte, 1537
gemeinfrei

Zu Schriften von Gerhard Mercator

Neben zahlreichen Briefen gehören folgende gedruckte Schriften zum Lebenswerk des Universalgelehrten:

- 1540 verfasste er eine Anleitung über die Anwendung der lateinischen Kursivschrift, die es ermöglichte, Beschriftungen auf Karten und Globen optisch übersichtlicher zu platzieren. Mercator war auch der erste, der die Kursivschrift „italic" auf Kartenwerken angewandt hat. Diese Schreibweise wurde in der Kartographie bis in das 19. Jahrhundert benutzt.[38]

Literarum latinarũ, quas Italicas, cursoriasque vocãt, scribendarũ ratio.

Louanij ex officina Rutgeri Rescij Men. Mar. 1540.

Gerhard Mercator, Titel der Anleitung zur Kursivschrift auf Karten und Globen „Litterarum Latinarum", 1540
KSM

38 Vgl. Abb. S. 39.

- 1552 fertigte er für Kaiser Karl V. Anleitungen zum Gebrauch von Erd- und Himmelsgloben und astronomischen Ringen an, die leider verloren sind.

- 1569 folgten dann die „Chronologie" und 1592 die „Evangelienharmonie" als Teile der geplanten Kosmographie, bei der er sich eng an die Bibel hielt.

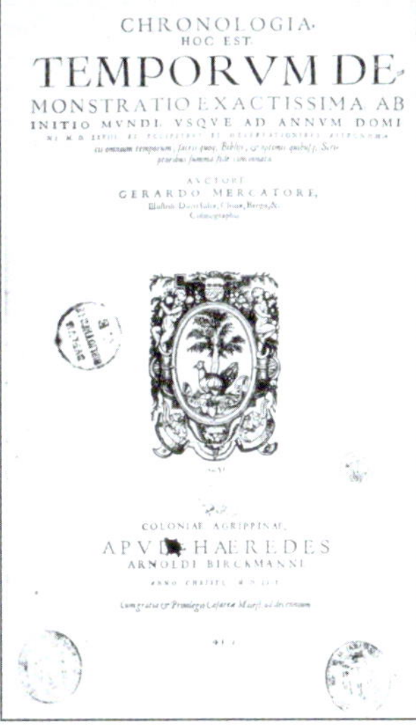

CHRONOLOGIA.
HOC EST
TEMPORVM DE-
MONSTRATIO EXACTISSIMA AB
INITIO MVNDI VSQVE AD ANNVM DOMI
[illegible]
AVCTORE
GERARDO MERCATORE,
[illegible]
COLONIAE AGRIPPINAE,
APVD HAEREDES
ARNOLDI BIRCKMANNI
[illegible]

Gerhard Mercator, Titelblatt der „Chronologia", 1569
KSM

Wie bereits in Kapitel „Vision von der Erstellung einer umfassenden Kosmographie“ erwähnt, plante Gerhard Mercator eine Weltbeschreibung zu verfassen, die die gesamte Schöpfung seit ihrem Ursprung und dem Verlauf ihrer Geschichte beinhalten und aus mehreren Teilen bestehen sollte. Dieses Vorhaben konnte er aber nur teilweise realisieren. Ursprünglich sollte das groß angelegte Werk – wie er 1569 in der Einleitung seiner „Chronologie“ schrieb – die Schöpfung der Welt, die Beschreibung des Himmels, die Beschreibung der Länder und Seen als moderne und antike Geographie, die Ptolemäus-Karten sowie die Genealogie der Fürsten seit der Schöpfung der Welt, die Wanderungen der Völker, die ersten Bewohner der Länder, die Zeiten der Erfindungen und die Ereignisse des Altertums umfassen.

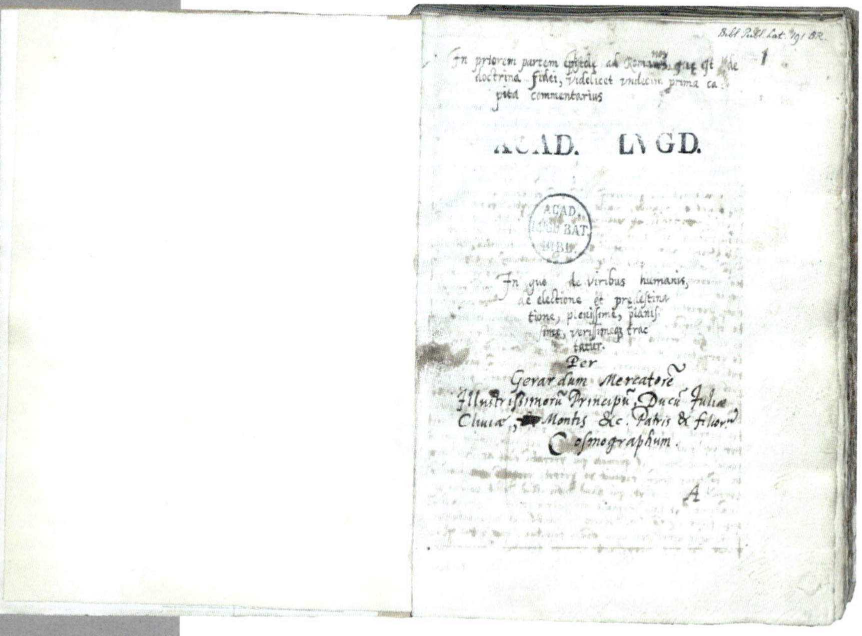
1

In priorem partem epistolæ ad Romanos, quæ est de doctrina fidei, videlicet undecim prima capita commentarius

ACAD. LVGD.

ACAD. LVGD. BAT. BIBL.

In quo de viribus humanis, de electione et prædestinatione, plenissime, planissime, verissimeque tractatur.

Per Gerardum Mercatorem Illustrissimorum Principum Ducum Iuliæ Cliviæ, Montis &c. Patris & filiorum Cosmographum.

A

Gerhard Mercators Kommentar zum Römerbrief
Universität Leiden, CC BY 4.0

Seit den siebziger Jahren des 16. Jahrhunderts beschäftigte sich der Universalgelehrte verstärkt mit theologischen Fragen, u. a. auch mit den Schriften der Schweizer Reformatoren. Sein wahrscheinlich um 1585–1590 verfasster umfangreicher Kommentar zum Römerbrief des Apostels Paulus wurde nicht gedruckt, ist aber als handschriftliches Manuskript erhalten geblieben und wird in der Universität von Leiden aufbewahrt.[39] Er umfasst lediglich den dogmatischen Teil mit den ersten elf Kapiteln des Briefes. Der Kommentar Gerhard Mercators kann als theologisch-systematische Grundlage für die von ihm verfasste Kosmographie angesehen werden. Dem Universalgelehrten war es besonders wichtig herauszustellen, dass durch Jesus Christus der gesamte Kosmos wieder zugänglich geworden sei, so wie es Paulus als christliche Heilsbotschaft in seinem Brief an die Gemeinde in Rom ausgeführt hatte.

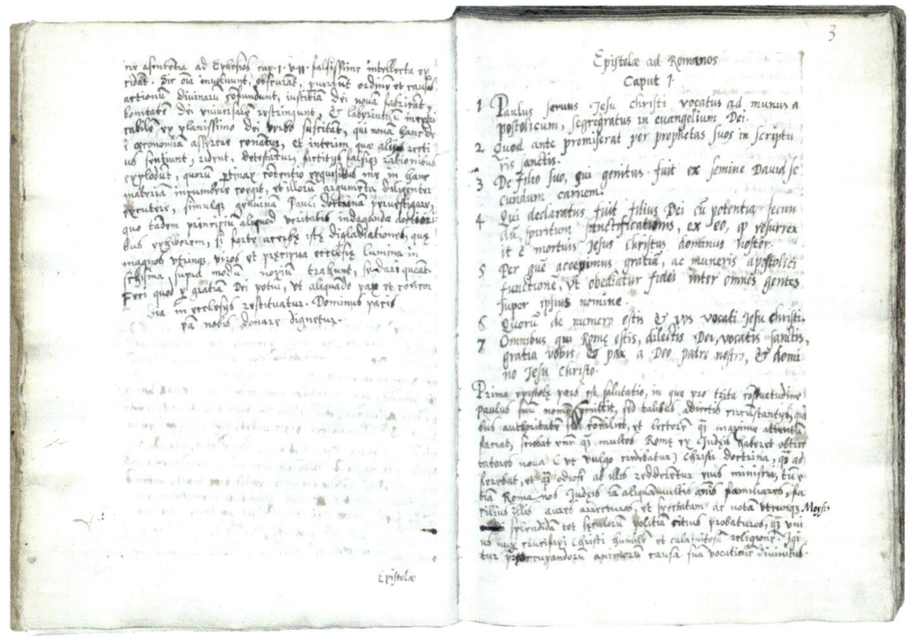
3

Epistolae ad Romanos
Caput 1.

1 Paulus servus Jesu christi vocatus ad munus a
postolicum, segregatus in euangelium Dei.
2 Quod ante promiserat per prophetas suos in scriptu
ris sanctis.
3 De Filio suo, qui genitus fuit ex semine Dauid se
cundum carnem.
4 Qui declaratus fuit filius Dei cum potentia secun
dum spiritum sanctificationis, ex eo, quod resurrex
it e mortuis Jesus christus dominus noster.
5 Per quem accepimus gratiam, ac muneris apostolici
functionem, ut obediatur fidei inter omnes gentes
super ipsius nomine.
6 Quorum de numero estis & vos vocati Jesu christi.
7 Omnibus qui Romae estis, dilectis Dei, vocatis sanctis,
gratia vobis & pax a Deo patre nostro, & domi
no Jesu christo.

Gerhard Mercators Kommentar zum Römerbrief
Universität Leiden,

39 Carlo de Clercq, Le commentaire de Gérhard Mercator sur l'Epître aux Romains de saint Paul, Duisburger Forschungen Band 6, Duisburg-Ruhrort 1962, S. 233–243.

Anstöße für Entdeckungsfahrten zu Beginn der Frühen Neuzeit

Gerhard Mercators Karten als Initialzündung

Die vielfältigen Arbeiten Mercators erschienen in einer Umbruchszeit, die den Europäern neue Horizonte eröffnete. Durch den Bau hochseetüchtiger Schiffe konnten die europäischen Seemächte zu Beginn der Frühen Neuzeit die Suche nach unbekannten Ländern und den dort erhofften Reichtümern ausweiten. Gefördert wurden diese Unternehmungen durch die Wiederentdeckung der kartographischen Werke

Willem Blaeu, „Americae nova Tabula", 1614
KSM

des Claudius Ptolemäus, der als Astronom und Geograph im zweiten Jahrhundert n. Chr. in Alexandria wirkte. Seine Arbeiten enthielten Listen mit geographischen Koordinaten zu etwa 8.000 damals bekannten Orten und waren bis weit in das 16. Jahrhundert hinein von maßgeblicher Bedeutung für die Kartographie der Frühen Neuzeit. Auch Gerhard Mercator schätzte die wissenschaftlichen Leistungen des Ptolemäus sehr und gab 1578 und 1584 die von ihm überarbeitete „Geograhia" des Ptolemäus als ersten kartographischen Teil seiner Kosmographie in zwei Auflagen heraus.

Die Umschiffung der Südspitze Afrikas durch Bartolomeu Dias 1487/88, die vier Fahrten des Christoph Columbus in die „Neue Welt" 1492 bis 1502 und die Erdumsegelung von Fernando de Magellan in den Jahren 1519 bis 1522 versorgten die Kartographen mit den aktuellsten Informationen und Daten, die Eingang in die neuesten Karten fanden. Es war bald nicht mehr die Faszination an den Entdeckungen und Abenteuern, sondern es waren in erster Linie wirtschaftliche Impulse, die zur Tilgung vieler „weißer Flecken" auf der Erde geführt haben. In dieser „revolutionären" Zeitspanne um die Mitte des 16. Jahrhunderts sind die einflussreichen kartographischen Arbeiten Gerhard Mercators entstanden, in denen

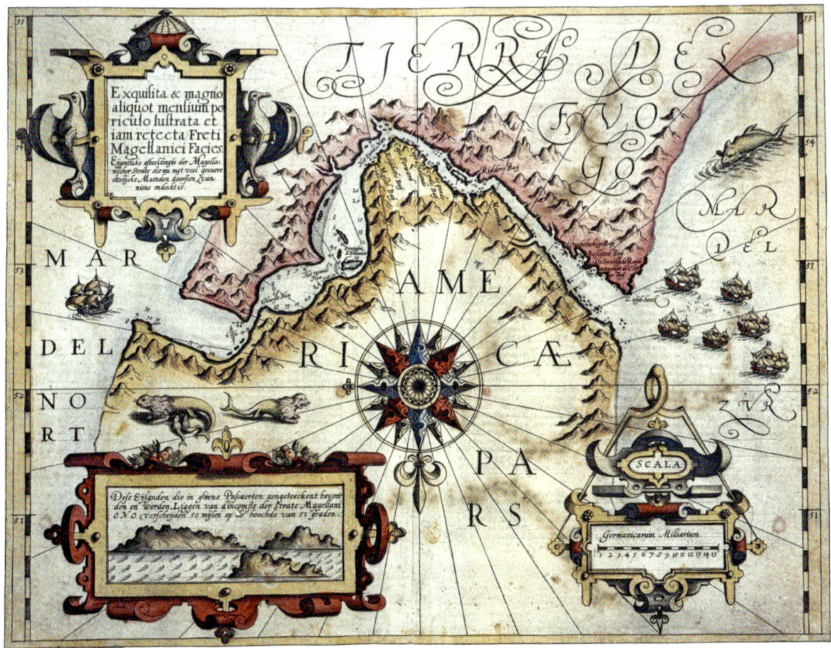

Magellanstraße, „Mercator-Hondius-Atlas", 1606
KSM

er das aktuelle Wissen seiner Epoche zusammengefasst und verarbeitet hat. Besonders seine Weltkarte „Ad usum navigantium" (Zum Gebrauch für die Schifffahrt) von 1569 war ein großer Fortschritt, denn auf ihr ließ sich mit ihrer Winkeltreue der Schiffskurs erstmalig als eine gerade Linie darstellen. Diese Karte hatte einen großen Einfluss auf das Weltbild der Menschen in damaliger Zeit und gab so manchem Entdeckungsreisenden um 1600 und auch danach Anstöße, in unbekannte Regionen der Welt vorzudringen.

Noch gegen Ende des 18. Jahrhunderts bestand die Vorstellung von der Existenz eines großen zusammenhängenden Südkontinents, der größer sein sollte als die Flächen von ganz Nord- und Südamerika. Die Suche nach diesem fiktiven Erdteil mit der Bezeichnung „Terra australis" wurde zu einer der stärksten Triebfedern der Entdeckungsgeschichte der Neuzeit. Erst James Cook konnte auf seiner zweiten Forschungsreise in den Jahren 1772–1775 die Vorstellung von einem solchen Südkontinent beseitigen, der insbesondere in den einflussreichen Karten von Gerhard Mercator und Abraham Ortelius noch als riesige Landmasse dargestellt war und als Gegengewicht zu der der nördlichen Halbkugel galt.

James Cook, Einwohner Feuerlands
KSM

Als Nebenkarte zu seiner Weltkarte von 1569 fügte Mercator eine Darstellung des Nordpolargebiets hinzu, auf der vier große, durch Meerengen voneinander getrennte Inseln ein Gewässer umschließen, in dessen Mitte der geographische Nordpol als „schwarzer und sehr hoher Felsen" zu sehen ist. Der Text in der dazugehörigen Kartusche zeigt deutlich, wie stark Mercator noch von den Vorstellungen des späten

Nordpolargebiet als Nebenkarte auf Mercators Weltkarte „Ad usum navigantium", 1569
KSM/Kolorierung Gitta Hülsmann

Mittelalters beeinflusst war und auf welch unsichere Quellen, Mythen und Phantastereien er sich bei dem Entwurf zu seiner Nordpolkarte in Ermangelung anderer gesicherter Informationen stützen musste. Die irrtümliche Darstellung des Nordpolargebiets von 1569 behielt Mercator – allerdings etwas verbessert – auf der Einzelkarte dieser Region bei, die ab 1595 in seinem posthum herausgegebenen Atlas enthalten ist.

Seit dem Vertrag von Tordesillas des Jahres 1494 zwischen Spanien und Portugal, der auf der Grundlage der Schlichtung durch Papst Alexander VI. zustande gekommen war, teilten die beiden Nationen die Welt zwischen sich auf und zogen zwischen ihre jeweilig beanspruchten Einflussgebiete eine Demarkationslinie, die etwa auf 46° westlicher Länge verlief. Dadurch waren die südlichen Seewege nach Japan,

China, Indien und zu den Gewürzinseln um die Südspitzen von Afrika und Südamerika herum in den Händen der Spanier und Portugiesen. So mussten andere Interessenten – wie Engländer und Holländer – für ihre Seewege zu diesen Gebieten nach Alternativen Ausschau halten. Die Suche nach den Nordpassagen begann, bei der insbesondere die Darstellung des Nordpolargebiets auf Mercators Polkarte wegen einer vermeintlich erheblichen Zeitersparnis Verwendung fand.

Es gab für die Segelschiffe der damaligen Zeit drei mögliche nördliche Wege, um vom Atlantik in den Pazifik zu gelangen:

- westwärts an der nördlichen Küste des amerikanischen Kontinents entlang und durch die zahlreichen Inseln hindurch,
- ostwärts entlang der sibirischen Eismeerküste und
- quer durch das Eismeer. Dabei nahm man allerdings fälschlicherweise an, dass der Nordpol von schiffbaren Gewässern umgeben sei und dass eine eisfreie Meeresstraße nördlich von Kanada zum Pazifik verläuft.

China, Japan, Korea, „Mercator-Hondius-Atlas", 1606
KSM

Am 12. Dezember 1580 schrieb Mercator u. a. an Abraham Ortelius, dass der Weg durch das Eismeer von Amerika zu schwierig, hingegen der östliche viel kürzer und darüber hinaus bis Nova Zembla bekannt sei.[40] Dieses Beispiel zeigt, dass Mercator von Seefahrern und Entdeckungsreisenden zahlreiche Informationen über ferne Gebiete erhielt und auswerten konnte. Auch tauschte er, wie z. B. mit Ortelius, Karten aus. So erwähnt er in dem Brief vom 12. Dezember 1580 eine Karte von China, die er von Ortelius erwarte.

Frobisher Straße, „Mercator-Hondius-Atlas", 1606
KSM

Im Gegensatz zur Nebenkarte des Polargebiets auf Mercators großer Weltkarte von 1569 ist der Ausschnitt des dargestellten Gebiets auf der Nordpol-Karte in dem posthum 1595 erschienenen Atlas größer und reicht bis zum 60. Breitengrad. Nach wie vor war Mercator von den Vorstellungen des Mittelalters und der Frühen Neuzeit stark beeinflusst und hielt für das Polargebiet, das zu seiner Zeit praktisch unerforscht war, weiterhin an einigen auf Phantasie beruhenden Texten,

40 Vgl. Anm. 17, S. 115 f.

Inseln und Meeresströmen fest und fügte selbst noch weitere hinzu. Stets war er aber darum bemüht, die damals neuen Forschungsergebnisse in seinen Karten zu verarbeiten, was ihn allerdings nicht vor Irrtümern bewahrt hat.

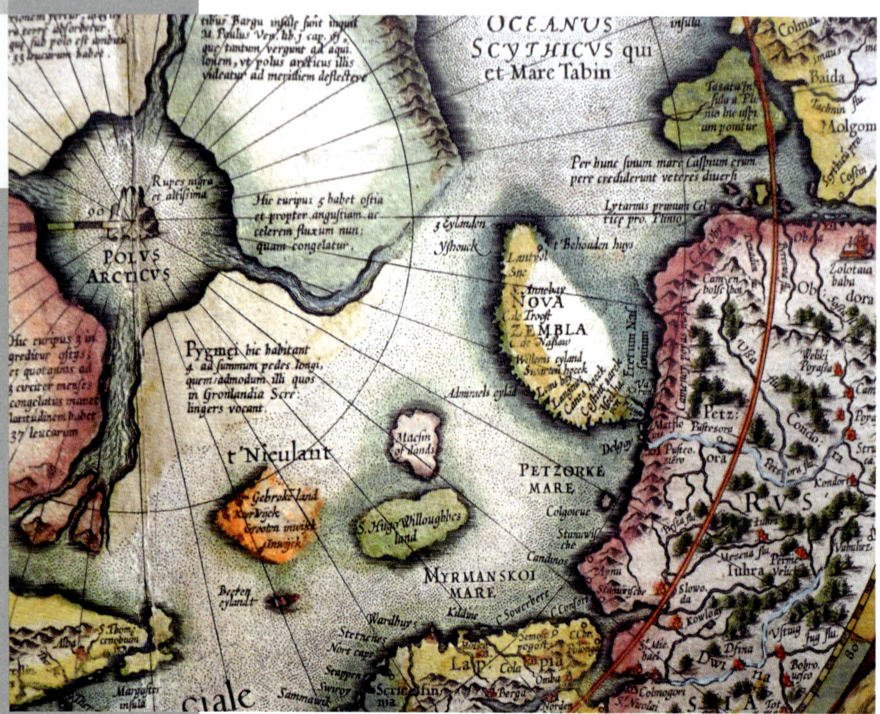

Nieulant, Ausschnitt aus der Karte des Nordpolargebietes, „Mercator-Hondius-Atlas", 1606 KSM

So trennte er beispielsweise den südlichen Teil Grönlands durch eine nach dem englischen Piraten und Forschungsreisenden Martin Frobisher benannte, nicht existente Wasserstraße ab. Dadurch wurde Frobisher geehrt, der in den Jahren 1576–1578 drei Fahrten zur Erforschung der Nordwest-Passage unternommen hatte und dabei das Gebiet der Nordostküste Amerikas erkundete. Die auf Mercators Karte eingetragene Wasserstraße „Fretum Davis" wurde hingegen richtig als Durchfahrt zwischen Grönland und Baffin-Land erkannt und nach dem englischen Seefahrer John Davis benannt, der sie in der Zeit von 1585–1587 gefunden hatte. Erheblich verändert war gegenüber der Darstellung auf Mercators großer Weltkarte von 1569 nun das Gebiet um Nova Zembla, das als eigene Insel, getrennt von der südlichsten fiktiven Polarinsel, abgebildet wurde.

In der zweiten, 1602 erschienenen Auflage des Mercator-Atlasses ist die darin enthaltene Nordpolarkarte unverändert geblieben. Als 1604 Jodocus Hondius von den Erben des Universalgelehrten dessen Nachlass erwarb und bereits 1606 das Kartenwerk als „Mercator-Hondius-Atlas" herausgab, wurden insbesondere die Entdeckungen während dreier holländischer Expeditionen zur Erforschung der Nordost-Passage in den Jahren 1594–1597 und die 1598 publizierte Polarkarte von Willem Barentsz, die posthum von Cornelis Claesz herausgegeben wurde, berücksichtigt. Nun nahm Hondius Korrekturen auf Mercators Karte insbesondere im Gebiet von Nova Zembla vor. U. a. verschwand teilweise eine der vier fiktiven Polarinseln zugunsten der Inselgruppe Spitzbergen, die als „Nieulant" bezeichnet wurde. In den nachfolgenden Ausgaben des Mercator-Hondius-Atlasses blieb die Nordpolarkarte unverändert. Erst in der englischsprachigen Edition von 1636 erschien dann eine völlig neue Fassung der Karte, die von Henricus Hondius stammt.

Von Gerhard Mercators fiktiver Darstellung des Nordpolargebiets gingen aber Impulse aus, die von dem festen Glauben an die Nordpassagen geprägt waren und zu vielen Entdeckungen in dieser Region geführt haben. Es sollte aber noch bis zur zweiten Hälfte des 19. Jahrhunderts dauern, bis Robert John Le Mesurier McClure auf der Suche nach der verschollenen Franklin-Expedition 1850 bei Banksland den Zugang zur Nordwest-Passage fand und Freiherr Adolf Erik von Nordenskiöld mit seinem Schiff „Vega" in den Jahren 1878–1880 die Nordost-Passage durchquerte.

Gerhard Mercators Weltkarte „Ad usum navigantium" von 1569

Anmerkungen zu den „ethnographischen Darstellungen"

Als Universalgelehrter beschäftigte sich Gerhard Mercator in seinen Werken allerdings nicht nur mit der Darstellung der Landmassen der Erde, sondern interessierte sich auch für ethnographische Forschungen über die Bewohner der jeweiligen Gebiete. Zwar konnte eine mehrbändige Kosmographie nur unvollständig verwirklicht werden; zu den unausgeführten Teilen zählt u. a. auch das Kapitel zur Menschheitsgeschichte unter Einbeziehung der Geographie und Ethnographie. Allerdings sind einige Anmerkungen dazu im Kartenwerk des Universalgelehrten enthalten. Auf der Weltkarte „Ad usum navigantium" von 1569 finden sich neben wenigen schriftlichen Hinweisen folgende „ethnographische Darstellungen": Das Idol „Zolotaia baba" am Unterlauf des Ob im westlichen Sibirien, der „Priesterkönig Johannes" in Nordafrika (Äthiopien), Giganten, Kannibalen und ein Beuteltier in Südamerika.

Zum Idol „Zolotaia baba" (goldene Großmutter)

Das Idol ist auf der Weltkarte „Ad usum navigantium" mit „Zolotaia baba idolum" bezeichnet und stellt eine auf einem Podest sitzende Frau in einem langen Gewand mit einem Kind auf dem Schoß dar. An die linke Seite der Frau

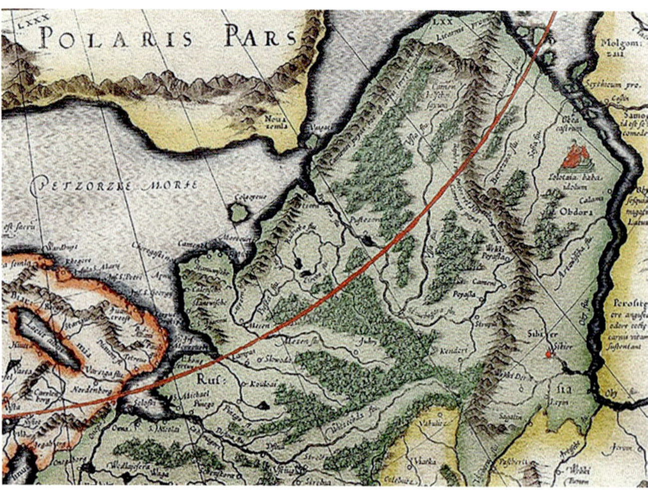

Rumold Mercator, Ausschnitt aus der Europa-Karte mit „Zolotaia Baba", „Mercator-Atlas", 1595
KSM

klammert sich ein zweites Kind. Gerhard Mercator hat die Darstellung – geringfügig verändert – in verschiedenen Karten an gleicher geographischer Stelle abgebildet. Wir finden diese im „Atlas sive Cosmographicae meditationes" auf der Polkarte, der Russlandkarte und der Europakarte. Letztere ist eine Verkleinerung der großen Europa-Wandkarte von 1554 (zweite Auflage von 1572) des Universalgelehrten. Sie stammt von seinem Sohn Rumold und wurde von diesem in den Atlas eingefügt. Auf der Europa-Wandkarte beschreibt Gerhard Mercator die Figurengruppe als eine alte goldene Göttin, die ein schon älteres Kind auf dem Schoß hält und an die sich ein zweites Kind klammert.

Auffallende Ähnlichkeit mit Mercators „Zolotaia baba" hat eine Abbildung auf der Russlandkarte von Antonius Jenkensonus, die 1562 in London gestochen wurde und von Abraham Ortelius in seinem „Theatrum orbis terrarum" ab 1570 enthalten ist. Die Darstellung erinnert an eine „Heiligengruppe", bestehend aus Maria mit dem Jesuskind im Arm und „Johannes dem Täufer" als Knaben. Dem zugehörigen Text ist aber zu entnehmen, dass es sich bei „Zlata Baba" um die goldene Kultfigur einer Göttin in der Nähe von „Obdorian" handelt. Die Priester würden dieses Götzenbild alleine oder im Wechselgespräch befragen, wenn sie einen Rat benötigten.

Ab der zweiten Hälfte des 16. Jahrhunderts gelangten Informationen über sibirische Völker und deren

Russland-Karte von Antonius Jenkensonus, 1562. Ausschnitt mit „Zolotaia Baba" aus Abraham Ortelius, Theatrum Orbis Terrae, 1579
KSM

James Cook, Winterwohnung auf Kamtschatka, 1785 KSM

Glaubensvorstellungen durch Reisende und die Eroberungszüge der Kosaken nach Mitteleuropa. Der flämische Pionier und Entdeckungsreisende Olivier Bruel erforschte auf der Suche nach der Nordostpassage das westliche Sibirien und erreichte vermutlich als erster Westeuropäer den Ob. Es wäre denkbar, dass Mercator von ihm Informationen über die Gottin „Zlata Baba" erhalten hat.[41]

Damals wurde das noch weitgehend unbekannte Sibirien mit dem „Tatarenland" gleichgesetzt, das in einer Beziehung zu den skythischen Stämmen der Antike im Schwarzmeergebiet mit ihren sagenhaften Goldschätzen stand. Wahrscheinlich beruht darauf die Bezeichnung „Oceanus Scythicus" für das Eismeer auf Mercators Weltkarte von 1569. Die Skythen verehrten u. a. die weibliche Gottheit „Kybele", die Göttin alles Lebendigen, die die Natur erneuert und Fruchtbarkeit verleiht. Dass die Kultbilder dieser Fruchtbarkeitsgöttin mit Gold beschichtet oder geschmückt waren, lässt sich aber nicht belegen.

Bei den sibirischen Völkern war noch bis Ende des 19. Jahrhunderts bzw. Anfang des 20. Jahrhunderts der Schamanismus weit verbreitet. Zum schamanistischen Kult gehörten neben zoomorphen Figuren auch aus Holz gefertigte

41 Mitteilung an den Verfasser von Prof. Dr. Dittmar Dahlmann, Institut für Geschichtswissenschaft, Abteilung für Osteuropäische Geschichte der Universität Bonn am 1.3.2012.

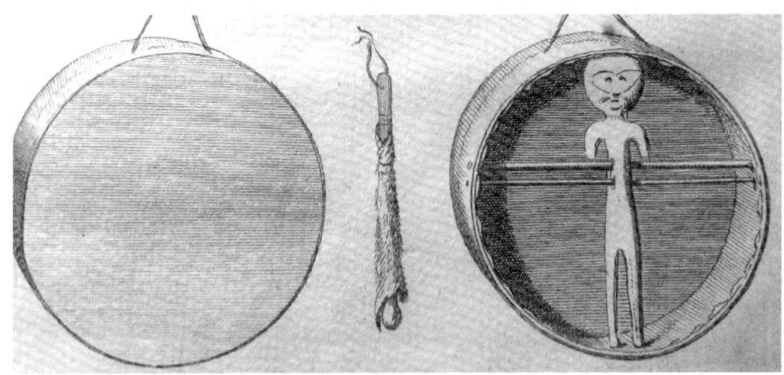

Schamanentrommel, Grafik um 1750, Sibirien
Gernot Tromnau

weibliche Statuetten. Ein gutes Beispiel hierfür ist eine große Holzfigur der „Ljule", die ein kleines Kind vor der Brust in den Händen hält. Die Plastik befindet sich in den Sammlungen des Völkerkundemuseums in Berlin und wurde ehemals bei den Nanay am Amur als Beschützerin des Hauses und der Familie verehrt.

Verschiedenen Eintragungen auf der Weltkarte von 1569 ist zu entnehmen, dass Mercator den Reisebericht des Venezianers Marco Polo gut gekannt hat,[42] der in viele Sprachen übersetzt worden war und von dem 1477 eine mittelhochdeutsche Fassung in Nürnberg herausgegeben wurde. Darin sind Ausführungen über die Glaubensvorstellungen der Tataren enthalten, bei denen u. a. auch die Verehrung einer weiblichen Statuette mit Kindern Erwähnung findet: „Sie sagen, es gebe einen großen und erhabenen Gott; für diesen verbrennen sie täglich Weihrauch, und zu diesem beten sie auch für ihre geistige und körperliche Gesundheit. Daneben verehren sie aber noch einen anderen Gott, der Natigay heißt, und dessen Bild, mit Filz oder Tuch bedeckt, jeder in seiner Hütte stehen hat. Neben diesen Götzen stellen sie ein Weib und Kinder und stellen jenes zu seiner linken Seite und diese in ehrerbietiger Haltung vor ihm auf. Ihn betrachten sie als die Gottheit, welche sich um ihre irdischen Angelegenheiten kümmert, ihre Kinder schützt und über ihr Vieh und Getreide wacht. Sie erweisen ihm große Verehrung, und bei ihren Mahlzeiten unterlassen sie es nie, den Mund des Götzen sowie den seines Weibes und seiner Kinder mit einem fetten Brocken Fleisch einzuschmieren. Dann gießen sie etwas von der Brühe, in der das Mahl bereitet wurde,

42 Friedrich Wilhelm Krücken/Joseph Milz, Gerhard Mercator – Weltkarte AD USUM NAVIGANTIUM 1569, Duisburg 1994, Kartenlegenden S. 19–32.

zur Tür hinaus, als Opfer für die anderen Geister. Ist dieses geschehen, so glauben sie, daß der Götze und seine Familie ihren Anteil erhalten haben, und essen und trinken ohne weitere Zeremonie."[43]

Eindeutige Hinweise auf die Verehrung weiblicher Gottheiten bei sibirischen Völkern finden sich wiederholt auch in späteren Reiseberichten und ethonologischen Werken. Johann Eberhard Fischer beschreibt u. a. in seiner Geschichte Sibiriens einen solchen Kult bei den Ostjaken am Ob, somit für die Gegend, in die Gerhard Mercator das „Zolotaia baba idolum" verortet hat: „Daselbst wurde von allen Zeiten her eine göttin verehret, die mit ihrem Sohn nakkend auf einem stul saß, und von den Ostjaken häufige opfer und geschenke empfieng: Sie verliehe ihnen dagegen glük auf der jagd, im fischfang, und ihren übrigen verrichtungen. Wer ein gelübde getahn ihr etwas zu opfern und solches nicht gehalten, den ängstigte und kwälte sie so lange, bis er sein versprechen erfüllete: und brachte er es nicht aus gutem herzen, dergestalt, daß ihm das geschenk nur ein wenig leid war, so starb er eines plötzlichen todes."[44]

Über das verwendete Material für das Kultbild oder einen Schmuck an der Statue macht Fischer keine Aussagen. Wäre es ihm bekannt gewesen, so hätte er als Mitglied der Kaiserlichen Akademie der Wissenschaften in St. Petersburg, Professor der Altertümer und der Geschichtskunde und ordentliches Mitglied des Historischen Instituts zu Göttingen (wie er auf dem Titelblatt seines Buches genannt wird) dies wohl nicht verschwiegen.

Zum Priesterkönig Johannes

Während sich für das „Idol Zolotaia" einige gesicherte ethnographische Hinweise anführen lassen, beruht die Abbildung des Priesterkönigs Johannes augenscheinlich nur auf der mythologischen Denkweise im Mittelalter. Mercator stellt auf seiner Weltkarte von 1569 im Bereich von Nordafrika

43 Marco Polo, Von Venedig nach China, 1986, S. 109 f.

44 Johann Eberhard E. Fischer, Sibirische Geschichte von der entdeckung Sibiriens bis auf die Eroberung dieses Landes durch die Russischen waffen … St. Petersburg 1768, Band 1, S. 231.

einen auf seinem Thron sitzenden Herrscher mit der Krone auf dem Haupt dar, der in seinen Händen ein Kreuzzepter bzw. ein Vortragekreuz hält. Der Text weist die dargestellte Persönlichkeit als den Priester(könig) Johannes, den großen Herrscher über Abessinien aus. Die gleiche Abbildung mit demselben Text ist auch auf der Afrikakarte im „Atlas sive Cosmographicae meditationes" zu finden. Wahrscheinlich kannte Mercator die Priester-Johannes-Legende, die vom 12. bis zum 17. Jahrhundert, einschließlich des Zeitraumes der großen Entdeckungsfahrten, weit verbreitet war.

Priesterkönig, Gerhard Mercator junior, Ausschnitt aus der Afrika-Karte im „Mercator-Atlas", 1595
KSM

Die Legende von dem christlichen Priesterkönig Johannes geht auf den Bischof Otto von Freising (ca. 1111–1158) zurück, der den sagenhaften Herrscher mit einem der Heiligen Drei Könige, dem dunkelhäutigen Kaspar, in Verbindung gebracht hat.[45]

Im Mittelalter machten sich die Europäer, insbesondere die Portugiesen, auf die Suche nach diesem Priesterkönig, um mit seiner Hilfe die Ausbreitung des Islams zurückzudrängen. Johannes wurde in Asien, aber auch in Afrika vermutet. Erstmalig taucht sein Name in der Kartographie um 1307 auf einer Karte des Rektors Giovanni da Carignano der St. Markuskirche zu Genua auf, die einen Teil Äthiopiens zeigt.[46] Nachdem auch der Dominikanermönch Jordanus Catalani in seinem 1330 verfassten Buch „Mirabilia" den Priesterkönig Johann als Kaiser von Äthiopien bezeichnet hatte, wurde dieser nun in Afrika gesucht.[47]

45 Oswald Dreyer-Eimbcke, Kolumbus – Entdeckungen und Irrtümer in der deutschen Kartographie, Frankfurt 1991, S. 13.

46 Oswald Dreyer-Eimbcke, Die Bedeutung der Kartographie für die Entschleierung unserer Erde vom Beginn des Entdeckungszeitalters bis zur Mitte des 16.Jahrhunderts. Sonderdruck zur Ausstellung Kartographie und Druckkunst – gedruckte Landkarten des 15. und 16. Jahrhunderts, Gutenberg-Museum Mainz, 1993, S.3.

47 Vgl. Anm. 42, S. 14.

In Äthiopien hatte das Christentum bereits seit der Mitte des 4. Jahrhunderts Fuß gefasst. Zunächst blieb es allerdings nur auf das Herrscherhaus beschränkt. Zahlreiche Kirchen und Klöster wurden aber schon im 5. und 6. Jahrhundert gegründet, sodass das Land seit dieser Zeit als christlich gilt. Zu Beginn des 16. Jahrhunderts geriet Äthiopien in große Bedrängnis, als Moslems unter Ahmed Ibn Ibrahim Emir Ghazi, genannt Gran, in das Land einfielen und nur mithilfe der Portugiesen im Jahre 1541 in der Nähe des Tanasees vernichtend geschlagen wurden. Auf dieses Ereignis könnte die Darstellung des Priesters Johannes mit dem Vortragekreuz

Willibald Pirckheimer, Titel der „Geographicae" von Ptolemäus, 1541
KSM

in der Hand und dem Blick nach Osten – gen Mecha (Mekka) gewandt – in Mercators Karte eine Anspielung sein. Wahrscheinlich wurde die Abbildung der Pirckheimer Ptolemäus-Ausgabe von 1541 entlehnt, die mit Holzschnitten aus der Waldseemüller-Edition von 1513 versehen ist. In ihr sind auf der Nordafrika-Karte mehrere gekrönte Herrscher mit Zeptern in den Händen und auf Thronen sitzend dargestellt. Aufallenderweise trägt aber nur die als christlicher König in „Regnum Nubie" bezeichnete Figur ein großes Kreuz. Bereits Kaiser Zàra Jakob (1434–1468) hatte angeordnet, dass jeder Christ in Äthiopien ein Halskreuz tragen

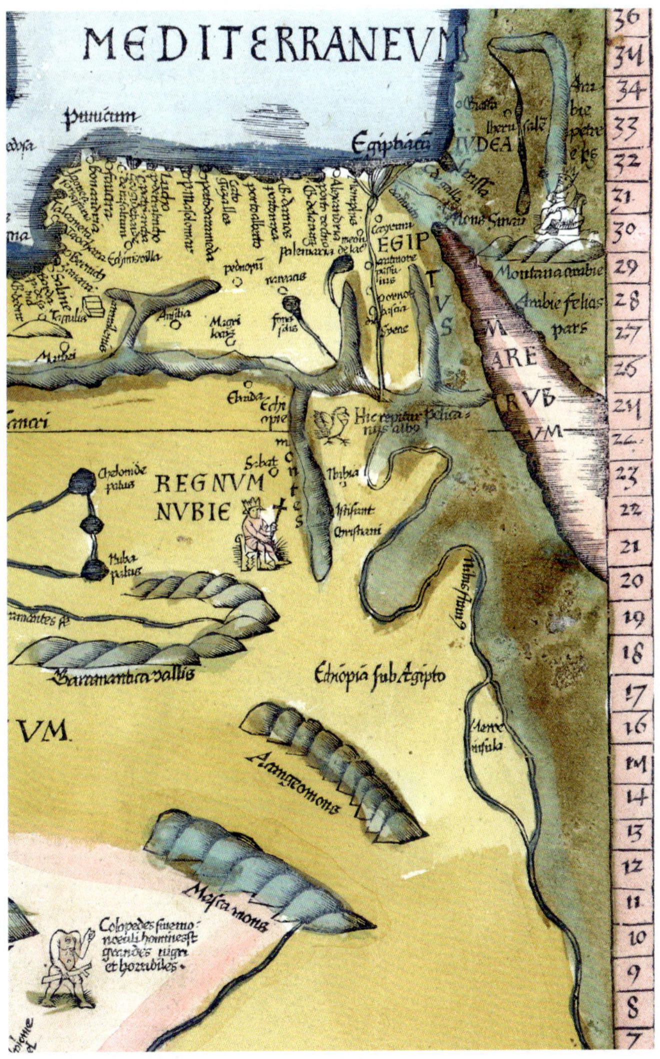

Priesterkönig, Ausschnitt aus der Afrika-Karte, „Geographicae" von Ptolemäus, 1541
KSM

müsse und gab somit der Zurschaustellung des Kreuzes eine besonders wichtige Bedeutung. Äthiopische Priester hatten stets Handkreuze bei sich, um damit die Gläubigen zu segnen. Große Prozessionskreuze bzw. Vortragekreuze wurden im Kriegsfall wie Standarten gegen den Feind getragen. Sie zählten zu den kostbarsten Schätzen der Kirchen und wurden dort im Allerheiligsten aufbewahrt.

Zu den Giganten, Kannibalen und dem Beuteltier in Südamerika

„Im Allgemeinen sind die Eingeborenen Neu-Indiens Menschenfresser" schreibt Gerhard Mercator auf seiner Weltkarte von 1569 unter die Darstellung von Indianern in Südamerika, die Menschen zerteilen, deren Gliedmaßen in Bäumen aufhängen bzw. sie am offenen Feuer grillen. Eine solche Behauptung hatte bereits Kolumbus in einem Bericht über seine erste Atlantiküberquerung an den spanischen Schatzkanzler Raphael Sanchez dargelegt. Dieser wurde sehr bald in ganz Europa bekannt und 1497 auch in einer deutschen Übersetzung in Straßburg publiziert.

Darstellung von Kannibalen, Giganten und einem Beuteltier in Südamerika, Ausschnitt aus Gerhard Mercators Weltkarte „Ad usum navigantium", 1569
KSM

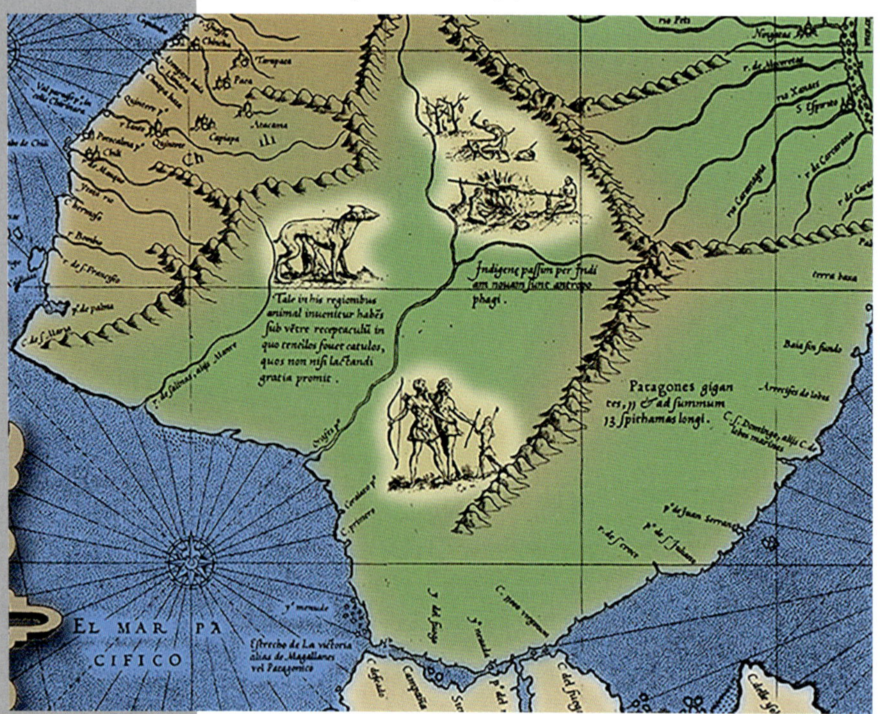

U. a. wird in dieser Schrift Folgendes behauptet: „Darin sind über alle Maßen wilde Leut, die essen Menschenfleisch ... Ich mein es seien auch die, die da Ptolomaeus auch heißet Anthrophagen, und den Namen haben sie wegen der Ursache, daß sie auch Menschfleisch essen und töten auch die Menschen und rauben." Bald erschienen in großer Zahl Beschreibungen und Abbildungen von Kannibalenmahlzeiten in der Neuen Welt, die offensichtlich das Ziel verfolgten, die

Weltkarte von Gemma Frisius, in Peter Apians „Kosmographie", 1553
KSM

Christianisierung in den neu entdeckten Gebieten zu rechtfertigen, was aber bald zu einem „Kreuzzug gegen die Ungläubigen" ausartete. Auch auf Karten vor der Herausgabe von Mercators Weltkarte von 1569 finden sich Darstellungen solcher Szenen, z. B. auf Martin Waldseemüllers „Carta Marina navigatoria" um 1516 oder der kleinen Weltkarte von Gerhard Mercators Lehrer Gemma Frisius in Peter Apians „Cosmographia" (seit 1544). Seit den Entdeckungsfahrten Amerigo Vespuccis nach Südamerika und seiner Beschreibung der dortigen Bewohner wurden die Kannibalen in Brasilien lokalisiert.[48]

Mercator bildet auf seiner Weltkarte in Südamerika auch ein Beuteltier ab und beschreibt es folgendermaßen: „In diesen Gegenden findet sich ein Tier, das unter dem Bauch eine Tasche hat, in der es seine zarten Jungen wärmt, die es nur zum Säugen herausholt."

48 Quatuor Americi Vesputii navigationes, im Anhang zur Cosmographiae introductio (1507) von Martin Waldseemüller.

Offensichtlich handelt es sich hierbei um das hauskatzengroße Opossum, das neben anderen kleineren Beutelratten insbesondere in Südamerika weit verbreitet ist. Bevor die Europäer Australien entdeckten und dort verschiedene andere Beuteltierarten wie das Känguru oder den Koala kennenlernten, galt das Opossum als das Beuteltier schlechthin. Erstmals wurde es 1516 auf Waldseemüllers „Carta Marina navigatoria" abgebildet. In damaliger Zeit erregte es großes Interesse, da es unter den bekannten Geschöpfen eine Sonderstellung einnahm. Das Opossum musste sich sogar einer Prüfung durch die „Katholischen Majestäten" Isabella

Beuteltier, Ausschnitt aus Gerhard Mercators Weltkarte „Ad usum navigantium", 1569 (l.) KSM

Südliches Opossum (r.) Juan Tello, CC BY-SA 2.0

und Ferdinand unterziehen, als der Forschungsreisende Pinzon ein weibliches Tier mit Jungen aus dem neuentdeckten Brasilien nach Spanien brachte. Das erstaunte Königspaar fasste höchstpersönlich mit den Fingern in den Bauchbeutel des Opossums und wunderte sich sehr über diese Merkwürdigkeit der Natur.[49] Vermutlich brachte ein solches Tier auch Mercators wohldurchdachte, linear aufsteigende „Stufenleiter der Natur" im Zusammenhang mit der Schöpfungsgeschichte etwas durcheinander,[50] denn diese war als ge-

49 Bernhards Grzimeks Tierleben, Band 10, Säugetiere 1, 1967, S. 64.

50 Änne Bäumer-Schleinkofer, Mercator über Tiere und Pflanzen: Die Stufenleiter der Natur und die biblische Schöpfungsgeschichte. In: Duisburger Mercator-Studien, Band 1, Bochum 1993, S.61–75, hier S. 71.

ordnete Reihenfolge im Hinblick auf die Entwicklung des Menschen angelegt und wurde demnach durch Kuriositäten in der Natur – wie Beuteltiere – gestört.

Gerhard Mercator trug auf seiner Weltkarte von 1569 im Bereich Südamerikas noch eine dritte Abbildung ein, die bereits auf der bei Diego Gutiérrez 1562 veröffentlichten Karte „Americae sive quartae orbis partis nova et exactissima descriptio" in der mit GIGANTUM REGIO bezeichneten Südspitze des Kontinents in ganz ähnlicher Ausführung enthalten ist. Sie stellt zwei riesige Gestalten in hüftlangen Gewändern dar, die mit Pfeil und Bogen bewaffnet sind. Diesen tritt mutig ein winziger Europäer entgegen. Unwillkürlich wird man beim Betrachten der Szene an die Geschichte vom tapferen Schneiderlein oder an den Kampf Davids gegen Goliath erinnert. Der Erläuterung zur Abbildung auf der Karte von Gerhard Mercator ist zu entnehmen, dass die dargestellten Giganten 11–13 Spannen groß seien. Da eine Spanne etwa 20–25 cm beträgt, müsste man für diese Wesen eine Größe von etwa zweieinhalb bis drei Metern annehmen! Auf der von Michael Mercator, dem Enkel des Universalgelehrten, gestochenen Karte von Amerika im „Atlas sive Cosmographicae meditationes", die dem entsprechenden Bereich der Weltkarte von 1569 seines Großvaters ähnelt, wird ebenfalls mit demselben Text auf die Giganten hingewiesen. Allerdings fehlt dort eine Abbildung.

Patagonier, Ausschnitt aus Gerhard Mercators Weltkarte „Ad usum navigantium", 1569
KSM

Die erste Nachricht über die „patagonischen Riesen" stammt von Antonio Pigafetta, dem Chronisten der Expedition des portugiesischen Seefahrers und Entdeckers Magellan. Bei der erstmaligen Umsegelung Südamerikas 1520 stießen die Seefahrer bei ihren Landgängen in der Nähe von verlassenen Wohnplätzen auf außergewöhnlich große Fußabdrücke von Menschen. Den Aufzeichnungen Pigafettas nach gab Magellan deshalb den Eingeborenen dieser Gegend den Namen „Patagonier" (portugiesisch für „Großfüßler"). Aufgrund der Fußabdrücke schloss man auf eine enorme Körpergröße der dort lebenden Indianer. Seither tauchte die Bezeichnung „patagonische Riesen" in Berichten und auf Karten auf – so auch auf der kleinen Weltkarte von Gemma Frisius –, auf der die Bezeichnung „Gigantum regio" vermerkt ist, oder auf Gerhard Mercators Weltkarte in doppelherzförmiger Projektion von 1538.

Patagonien, „Mercator-Hondius-Atlas", 1606
KSM

Die Mythe von den „patagonischen Riesen" hielt sich bis ins späte 18. Jahrhundert. Erst als der englische Seefahrer Samuel Wallis 1769 Vermessungen an den Eingeborenen in diesem Teil Südamerikas vornahm, wurden die „Giganten" in den Bereich von Legenden verbannt.[51] Die riesigen Fußspuren, die Magellan und seine Männer zu der irrtümlichen Auffassung von „Giganten" veranlasst hatten, können vermutlich auf das große Schuhwerk aus Guanakohäuten zurückgeführt werden, das die Eingeborenen der Kälte wegen mit Gras ausgestopft trugen!

Aus ethnographischer Sicht ist an Gerhard Mercators Darstellung der Patagonier lediglich die Benutzung von Pfeil und Bogen richtig, denn diese waren die wichtigsten Jagdwaffen der Indianer – vermutlich vom Stamm der Tehuelchen – im südlichen Teil von Südamerika. Auch wenn es sich bei diesen in Westpatagonien beheimateten Eingeborenen

51 Anm. 46, S.194.

um verhältnismäßig große Menschen handelte, erreichten sie aber nicht annähernd die Körpergröße der „Giganten" von 13 Spannen.

Sucht man nach einem gemeinsamen Nenner für die von Gerhard Mercator auf seiner Weltkarte von 1569 eingetragenen „ethnographischen Darstellungen" und geht man davon aus, dass diese nicht als Lückenfüller oder rein zufällig an die entsprechenden geographischen Stellen auf der Karte platziert wurden, so ist doch auffällig, dass sie dort erscheinen, wo in den drei Erdteilen außerhalb Europas (Australien war von den Europäern noch nicht entdeckt) der christliche Glaube an seine Grenzen gestoßen war bzw. noch nicht Fuß gefasst hatte:

- Bei der Erstellung der Mercator-Weltkarte von 1569 befanden sich die Erschließung Sibiriens und die damit verbundene Christianisierung des Landes erst in einem Anfangsstadium. Die erste Kirche wurde im westlichen Sibirien 1586 im Stützpunkt Tjumen errichtet. Das Idol „Zolotaia baba" könnte somit die Grenze zwischen dem christlichen Russland und den heidnischen Völkern Sibiriens andeuten.

- Das christliche, von islamischen Mächten eingekreiste Äthiopien war damals in starke Bedrängnis geraten und konnte sich 1541 nur mit tatkräftiger Unterstützung durch die Portugiesen gegen die muslimischen Übergriffe zur Wehr setzen. Möglicherweise entstand in einer solchen Situation der Wunsch, mit dem fiktiven mächtigen christlichen Priesterkönig Johannes ein Bündnis gegen die Bedrohung durch den Islam zu schließen.

- Für die skrupellose Ausbeutung und grauenvolle Verfolgung der Indianer in der Neuen Welt benötigte man eine Rechtfertigung. Dazu dienten offensichtlich der Druck und die große Verbreitung von Flugblättern und anderer Schriften mit schauderhaften Darstellungen von frei erfundenen Kannibalen oder schrecklichen Riesen, gegen die man mit größter Härte vorgehen musste, um sie zum Christentum zu bekehren.

Auch mit den Beuteltieren hatte die damalige christliche Welt Probleme, denn diese passten nicht in die Vorstellung von einer von Gott gewollten „Stufenleiter der Natur".

Eskimo-Familie von Grönland, aus: Allain Manesson Mallet, Beschreibung des gantzen Welt-Kreises, deutsche Ausgabe 1719
Gernot Tromnau

Dadurch, dass Mercator dies alles offensichtlich kritiklos annahm, wird deutlich, wie sehr er insbesondere in seinem theologischen Denken noch mit dem mittelalterlichen Weltbild verbunden war. Das lassen z. B. auch seine Anmerkungen über die Bewohner der Polarregion erkennen.

Auf der Polkarte, die als Nebenkarte der großen Weltkarte von 1569 beigefügt und in veränderter Form in der Atlas-Ausgabe von 1595 enthalten ist, bezeichnet der Universalgelehrte – in Anlehnung an Olaf Magnussens „Carta Marina" – die Eskimos als Pygmäen bzw. Screlinger. Sie sollen eine Körpergröße von nur vier Fuß haben, was etwa 1,20 Metern entsprechen würde. Hinsichtlich des universalen Wissens Gerhard Mercators und seiner sorgfältigen Arbeitsweise, die sich insbesondere in seinen Karten widerspiegelt, überrascht diese altertümliche Vorstellung. So ist es erstaunlich, dass er z. B. einen bereits 1566 in Augsburg erschienenen und weit verbreiteten Einzelblattdruck nicht berücksichtigt, auf dem erstmalig Eskimos sehr detailliert dargestellt und beschrieben wurden. Hierbei handelt es sich um eine von französischen Robbenjägern aus Neufundland entführte Eskimofrau mit ihrem siebenjährigen Kind, die beide offensichtlich als Kuriositäten zur Schau gestellt wurden. Auch die annähernd korrekte Eskimodarstellung in dem Reisebericht des englischen Seefahrers Martin Frobisher, der bei seinen Entdeckungsreisen in den Jahren 1576–78 in die Arktis nachweislich Mercators Weltkarte „Ad usum navigantium“ benutzt hat, berücksichtigte der Universalgelehrte nicht. Mercator dürfte aber diese Publikation Frobishers gekannt haben, denn er hat auf seiner 1595 erschienenen Polkarte eine Meerenge als „Frobisher-Sund“ eingetragen.

Erst mit der von Jodocus Hondius gestochenen Amerika-Karte in der 1606 herausgegebenen Edition des Mercator-Atlasses ändert sich auf Karten die Vorstellung von den Eskimos. Dort ist u. a. ein Eskimo im Kajak dargestellt. Sowohl

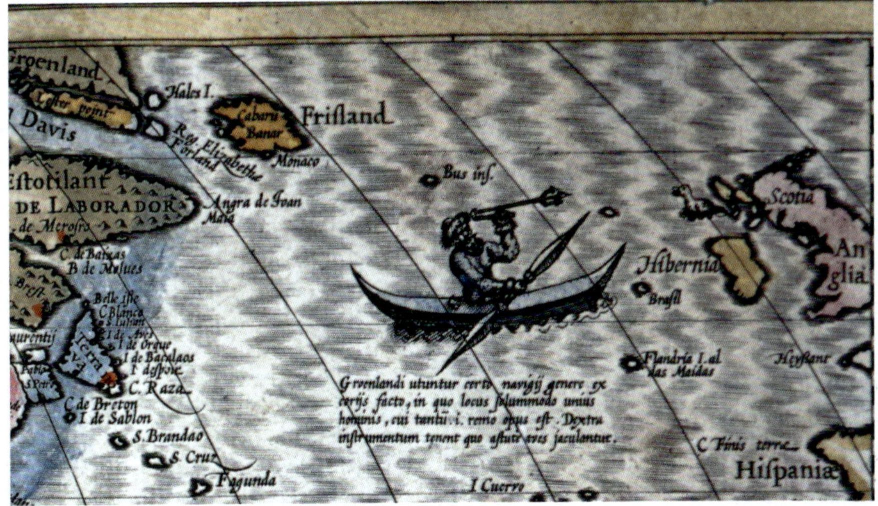

Eskimo im Kajak, Ausschnitt aus der Amerika-Karte von Jodocus Hondius im „Mercator-Hondius-Atlas“, 1606
KSM

Eskimo aus Grönland im Kajak, nach Martin Frobisher, um 1580
KSM

das Boot, als auch die vom Jäger benutzte Harpune sind verhältnismäßig gut wiedergegeben und beschrieben. Hondius hat diese Abbildung eines grönländichen Kajakfahrers ganz offensichtlich aus der Frobisher-Publikation von 1580 „abgekupfert", denn sie ist seitenverkehrt gedruckt. Im Gegensatz zur Darstellung bei Frobisher hält der Eskimo auf der Hondius-Karte das Doppelpaddel in der rechten Hand und führt den Wurf mit der Harpune mit dem linken Arm aus.

Auch auf anderen Karten in den von Jodocus Hondius herausgegebenen Mercator-Atlanten erscheinen seit 1606 einigermaßen richtige ethnographische Darstellungen, die in Verbindung mit den erläuternden Texten annähernd genaue Informationen über die Völker in den verschiedenen Erdteilen geben.

Porträts von Gerhard Mercator

Authentisch oder nachempfunden?

Anonym, Porträt Gerhard Mercators, Tinte auf Pergament, ohne Jahr | KSM

Trotz der Bedeutung, die Gerhard Mercator für die Wissenschaftsgeschichte besitzt, sind nur wenige authentische Porträts des Gelehrten bekannt. In der „Königlichen Bibliothek Albert I." in Brüssel fand sich in einem gegen Ende des 14. Jahrhunderts von Gerardus Vliederhoven verfassten Erbauungsbuch über die „vier letzten Dinge" („Cordiale de quatuor novissimis") ein bisher unbekanntes Porträt Mercators, das erstmals während des „Mercator-Gedenkjahres 1994" in belgischen Publikationen abgebildet wurde.[52] Die anonyme, mit Tinte ausgeführte Abbildung ist auf dem hinteren Pergament-Inneneinband gezeichnet und mit „Mercator" unterschrieben. Der Namenszug stammt aber nicht von der Hand Gerhard Mercators. Auch fehlt der Vorname „Gerardus", den der Universalgelehrte in der Regel bei Unterschriften verwandte. Das Bild, das Mercator als einen Mann im mittleren Alter zeigt, ist offensichtlich viel früher entstanden als der bekannte Kupferstich mit Mercators Porträt aus dem Jahre 1574 von Frans Hogenberg bzw. Hendrick Goltzius.[53]

Frans Hogenberg bzw. Hendrick Goltzius, Porträt Gerhard Mercators, 1574 KSM

Auf dem von dem Schüler Gerhard Mercators, Johannes Corputius, im Jahre 1566 erstellten Stadtplan Duisburgs sind in den Ecken der Randleiste vier Porträts abgebildet, die leider keine Beschriftung tragen. Da diese wohl nicht reiner Zierrat sind, dürften sie mit Duisburg in einem Zusammenhang stehen. Der Stadtplan wurde von Corputius sowohl dem Landesherrn Wilhelm V. (dem Reichen), als auch dem Rat und den Bürgern der Stadt Duisburg gewidmet.

52 M. Watelet (Hrsg.), Geradus Mercator Rupelmondanus, Antwerpen: Mercatorfonds Paribus 1994, Frontispiz.

53 Ruth Löffler/Stepfanie Paufler, Der Kupferstecher Hendrick Goltzius und Duisburg, Kultur- und Stadthistorisches Museum Duisburg, Zeitlupe, Duisburg 2007.

Frühneuzeitliche Stadtpläne waren vorrangig ein „Politikum" und nicht eine Orientierungshilfe für Ortsfremde. Der Corputiusplan und die beigefügten Textspalten unter dem Plan sollten offensichtlich für Duisburg als geeigneter Standort der von Wilhelm V. geplanten Universität werben. Dabei spielten wohl die vier dargestellten Personen in den Ecken des Stadtplans eine große Rolle.

Porträt Gerhard Mercators auf dem Duisburger Stadtplan von Johannes Corputius, 1566
KSM

Diese sind nach Auffassung des Verfassers:[54]

- *Georg Cassander* als Verfechter eines Ausgleichs zwischen den christlichen Religionen und somit für eine liberale Universität in Duisburg als Gegenpol zur katholischen Hochschule in Löwen, oben links,
- *Johannes Corputius* als Verfasser des „Werbestadtplans" und der entsprechenden Texte dazu, u. a. Verse auf die „gelehrte Stadt Duisburg", oben rechts,
- *Wilhelm V.* als Landesherr, der sich um die Gründung einer Universität in seinem Herzogtum sehr bemühte und dafür Duisburg auserwählte, unten links,
- *Gerhard Mercator* als Universalgelehrter und damals wohl der berühmteste Bürger der Stadt, unten rechts.

Sollte diese Vermutung des Verfassers zutreffen, so würden vier authentische Porträts von Gerhard Mercator vorliegen:

- das undatierte Bildnis im „Erbauungsbuch über die vier letzten Dinge", das Mercator im mittleren Alter zeigt,
- das Medaillon auf dem Corputiusplan von 1566,
- der Kupferstich von Frans Hogenberg bzw. Hendrick Goltzius von 1574 und

54 Gernot Tromnau, Gerhard Mercators Porträt auf dem Stadtplan Duisburgs von Johannes Corputius? In: Duisburger Forschungen, Band 59, Duisburg 2013, S.253–259.

- das in Schiefer geschnittene Porträt auf dem Epitaph in der Duisburger Salvatorkirche, das vermutlich um 1595 entstanden ist und sehr realistisch den an seiner Lähmung schwer leidenden Universalgelehrten kurz vor seinem Tod zeigt.

Um das Bildnis Gerhard Mercators auf dem Kupferstich von 1574 zieht sich ein Schriftband mit vier Hexametern von Johannes Vivianus. Der Text in Übersetzung lautet: „Viel Dank schulden wir den Karten des Pelusiners (Ptolemäus); viel Dank dir, Mercator, der du endlich die Arbeit der Alten übertroffen und neue Regionen von Land und Meer und dem Himmel, der alles umschließt, gezeigt hast."[55]

Anonym, Porträt Gerhard Mercators auf dem Epitaph in der Duisburger Salvatorkirche, um 1595
KSM

Der Kupferstich von Hogenberg/Goltzius aus dem Jahre 1574 wurde vielfach von verschiedenen Künstlern bis in die Gegenwart als Vorlage für Abbildungen des Universalgelehrten verwandt und in unterschiedlichen Techniken ausgeführt. Daneben existieren auch Darstellungen Gerhard Mercators, die kaum eine Ähnlichkeit mit dem authentischen Porträt von 1574 aufweisen. Als ein Beispiel dafür sei ein Holzschnitt genannt, der leider ohne eine Quellenangabe mit „Gerhard Mercator" bezeichnet wurde.[56] Das Bildnis ist wahrscheinlich im 16. Jahrhundert entstanden und könnte aus einer der zahlreichen Ausgaben von Sebastian Münzers „Cosmographia", die von 1544–1614 in verschiedenen deutschsprachigen umfangreichen Editionen erschienen ist, stammen. Ungewöhnlich ist, dass Mercator auf der Abbildung nicht mit einem Zirkel, sondern mit einer Armillarsphäre in der rechten Hand abgebildet wurde.

55 Vgl. Anm. 17, S. 164.
56 Gudrun Wolfschmidt (Hrsg.), Nicolaus Copernicus (1473–1543) – Revolutionär wider Willen, Begleitbuch zur Ausstellung vom 22. Juli bis 19. Oktober 1994 im Zeiss-Großplanetarium in Berlin, Stuttgart 1994, S. 271.

Porträt Gerhard Mercators, Frontispiz in „Ortélius et Mercator" von Thil-Lorrain, 1887 | KSM

Nicolaus Larmessin (1684–1753), Porträt Gerhard Mercators, ohne Jahr | KSM

Auch das 79 x 54 cm große Ölgemälde eines unbekannten Künstlers in der Schausammlung des Stadtmuseums Düsseldorf (Inventarnummer SMD B 140) ist wohl kein authentisches Porträt des Universalgelehrten. Auf der leider beschnittenen Leinwand ist noch das Fragment der doppelzeiligen Beschriftung „Cosmogra" und „Geradus M" zu erkennen. Gerhard Mercator stand von 1563/1564 an im Dienst des Herzogs Wilhelm V. von Jülich-Kleve-Berg und war um diese Zeit von seinem Landesherrn zum Kosmographen ernannt worden, ein Titel, der u. a. auf seinem Epitaph in der Duisburger Salvatorkirche vermerkt ist. Das Gemälde wurde augenscheinlich in Anlehnung an den Kupferstich von Hogenberg/Goltzius aus dem Jahre 1574 gemalt und könnte möglicherweise nach dem Tod des Universalgelehrten für die Bildergalerie des herzoglichen Hofes in Düsseldorf um 1600 entstanden sein.

In den Editionen des Mercator-Hondius-Atlasses ab 1613 wurde Mercator zusammen mit Jodocus Hondius, dem Verleger des Kartenwerks, vor einer Europa-Wandkarte abgebildet. Mercator und Hondius sitzen sich gegenüber und weisen jeweils mit einer Zirkelspitze auf vor ihnen stehende Erdgloben. Als Vorlage der Darstellung des Universalgelehrten auf diesem Doppelporträt diente wohl ebenfalls der Kupferstich von 1574.

Friedrich Wilhelm Bollinger, Porträt von Gerhard Mercator, um 1880 | KSM

Konrad Westermayr, Porträt von Gerhard Mercator, 1803 | KSM

Isaak Tirion, Porträt von Gerhard Mercator, 1787 | KSM

Nach Johann Azelt, Porträt von Gerhard Mercator, ohne Jahr | KSM

Theodor de Bry, Porträt von Gerhard Mercator, 1597/99 KSM

Doppelporträt von Gerhard Mercator und Jodocus Hondius, ab 1613 im Mercator-Hondius-Atlas | KSM

Auf Spurensuche in Gerhard Mercators Aufenthaltsorten

Erinnerungen an den Universalgelehrten

Mercator-Medaille der Deutschen Gesellschaft für Kartographie, Gold
KSM

Gerhard Mercator hat in einem verhältnismäßig kleinen Umkreis gewirkt und dort „Spuren" hinterlassen. Diese sind in Deutschland in Gangelt bei Aachen und Duisburg zu finden und in Belgien in Rupelmonde, 's-Hertogenbosch, Löwen, Antwerpen und Brüssel vorhanden. In fast allen diesen Orten finden sich Hinweise auf den Universalgelehrten wie Denkmäler, Gedenktafeln, Straßennamen und Beschriftungen mit seinem Namen als „Werbeträger". Darüber hinaus sind in verschiedenen Archiven und Sammlungen Werke von ihm zu finden.

Gedenkmünze im Wert von 5 DM der Bundesrepublik Deutschland anlässlich des 400. Jahrestages der „Mercator-Projektion", Silber, 1969
KSM

Unter den zu Ehren Mercators gegossenen Plaketten ist die von der Deutschen Gesellschaft für Kartographie gestiftete goldene Medaille besonders bemerkenswert. Sie wird an Persönlichkeiten verliehen, die sich durch herausragende wissenschaftliche Leistungen um die Kartographie verdient gemacht haben. Auch wurden Briefmarken, ein 1.000-Franc-Schein von 1961 der „Nationale Bank van Belgie" und von der Bundesbank Deutschlands im Jahre 1969 anlässlich des 400. Jahrestages der Mercator-Projektion eine Gedenkmünze aus Silber im Wert von 5 DM herausgegeben. Diese Münze zeigt das Porträt Gerhard Mercators vor der „Mercator-Projektion" im Hintergrund. Die Randinschrift lautet in Anlehnung an den Titel von Mercators bedeutender Weltkarte aus dem Jahre 1569: TERRAE DESCRIPTIO AD USUM NAVIGANTIUM.

1000-Franc-Geldschein, Belgien 1961 | KSM

Gangelt

Als Gerhard Mercator sechs Jahre alt war, verlegte sein Vater Hubert Kremer mit seiner Familie den Wohnsitz von Gangelt nach Rupelmonde, wo er einen kleinen Bauernhof kaufte und sich als Landwirt und Schuhmacher betätigte. In Gangelt erinnert unweit von Gerhards ehemaligem Elternhaus ein Denkmal – der „Mercatorpunkt" – an den Universalgelehrten. Der Text auf der zugehörigen Informationstafel lautet: „Gerhard Mercator verbrachte von 1512 bis wahrscheinlich 1518 einen Teil seiner Jugend in Gangelt. Die Eltern Mercators, der als Gheert Cremer (Gheert de Cremer) getauft wurde, stammen aus Gangelt. Er wurde der hervorragendste Geograph des 16. Jahrhunderts."

„Mercatorpunkt" in Gangelt Velopilger, CC BY-SA 4.0

Das Denkmal wurde auf dem Schnittpunkt des 51. Breiten- und 6. östlichen Längengrades anlässlich des 500. Geburtstags des Universalgelehrten errichtet. Am alten Rathaus in der Mitte Gangelts – heute ist es ein Café – weist ein rechteckiges Relief mit dem Bildnis Mercators ebenfalls auf den berühmten Sohn der Stadt hin. Es wurde von dem Bildhauer Kurt Preuss geschaffen. In dem Städtchen tragen darüber hinaus eine Straße und eine Schule den Namen des Universalgelehrten.

Plakette mit Mercator-Porträt am Alten Rathaus in Gangelt, heute Restaurant Velopilger, CC BY-SA 4.0

Rupelmonde

Vielfältige Hinweise auf Gerhard Mercator sind in seiner Geburtsstadt Rupelmonde zu finden. Der kleine Ort an der Schelde, der heute zur Gemeinde Kruibeke in der belgischen

Provinz Ostflandern gehört, nennt sich stolz „Stadt Gerhard Mercators". Leider beginnen die dort vorhandenen Einträge in den Kirchenbüchern erst mit dem Jahre 1608, und somit ist der Taufname Mercators nicht belegt. Es wären verschiedene Nennungen möglich wie „De Cremer", „de Creemere", und „den Cremer". Nach Auffassung von Greet Polfliet vom Mercatormuseum in Sint-Niklaas ist am wahrscheinlichsten als ursprünglicher Name „Gerard De Cremer" anzunehmen.

In Rupelmonde war schon Mitte des 19. Jahrhunderts das Interesse an dem bedeutendsten Sohn des Städtchens so stark, dass man 1869 damit begann, auf dem Kirchplatz mitten im Ort ein etwa sieben Meter hohes Denkmal mit der bronzenen Figur des Universalgelehrten zu errichten, das am 14. Mai 1871 eingeweiht wurde. Gestaltet hat es der Künstler Frans Van Havermaet. Das Gipsmodell für das Denkmal wurde 1870 im Stadthuis von Sint Niklaas aufgestellt.

Delegation der „Mercator-Gesellschaft Duisburg" vor dem Gerhard-Mercator-Denkmal in Rupelmonde, 2009
KSM

Es folgten bald weitere Mercator-Denkmäler in Duisburg (1878 von dem Düsseldorfer Bildhauer Anton Joseph Reiss), in Liverpool am Palm House im Selfton Park (um 1898 von Léon-Joseph Chavalliaud), in Löwen am Rathaus (um 1900 von François Julien Courroit) und 100 Jahre später am Mercatorpad (2001 von Raoul Bironť) und in Brüssel im Park Petit Sablon (um 1880 von Louis Pierre Van Biesbroeck). Andernorts wurden Büsten aufgestellt beziehungsweise Reliefs an Fassaden angebracht, wie an der Navigationsschule im Hamburger Hafen 1905 von Albert Erbe oder an dem mit zahlreichen Statuen, Kopfplastiken und Reliefs geschmückten Naturhistorischen Museum Wien durch Anton Strescha zwischen 1875 und 1879. Dieses große Museum widmete der österreichische Kaiser Franz Josef I. „Dem Reiche der Natur und seiner Erforschung".

Anlässlich des 500. Geburtstags des Universalgelehrten wurde in der Ortsmitte von Rupelmonde in Anwesenheit des belgischen Kronprinzenpaars Prinz Filip und seiner Gemahlin Prinzessin Mathilde am 4. März 2012 ein weiteres Denkmal eingeweiht, das der Bildhauer Jozef De Laet schuf. Es stellt den „Jonge Mercator" dar und steht dem großen Standbild aus dem 19. Jahrhundert vis-à-vis gegenüber. Es soll daran erinnern, dass Gerhard Mercator von seinem 6. bis zu seinem 15. Lebensjahr fast 10 Jahre lang in Rupelmonde gelebt und hier wahrscheinlich auch die Lateinschule besucht hat.

„Jonge Mercator", Denkmal in Erinnerung an Gerhard Mercators Jugendzeit in Rupelmonde
Peter Paerden

An Mercators Geburtshaus in der Kloosterstraat von Rupelmonde ist eine Gedenktafel mit einem Text zur Geschichte des Gebäudes angebracht. Ursprünglich war es ein Gasthaus, das später als Kloster genutzt und während der Zeit der Französischen Republik zu einem Wohnhaus mit mehreren Wohnungen umgebaut wurde.

Von dem einst mächtigen Kastell „Gravensteen" auf der „Mercator-Insel" an der Schelde sind heute nur noch wenige Reste erhalten. Hier war Gerhard Mercator 1544 für mehrere Monate eingekerkert, da er seitens der Inquisition der Ketzerei – „Lutterye" – verdächtigt wurde. Erst durch die Fürsprache einflussreicher Persönlichkeiten und Freunde an der katholischen Universität Löwen kam er wieder frei. An diese Kerkerhaft erinnert im „Graventoren", der Ruine des Kastells, in einem kleinen

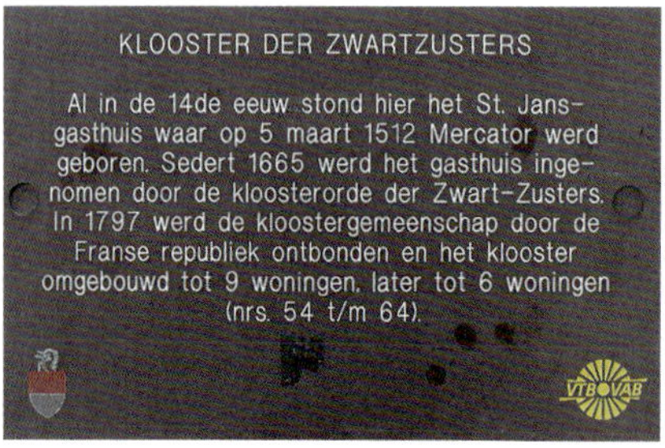

Tafel am Geburtshaus von Gerhard Mercator, Rupelmonde
KSM

Museum eine szenische Darstellung an den gefangen gehaltenen Gelehrten im Verlies.

Bezeichnungen wie „Gerardus-De-Cremer-Straat" und die kommerzielle Nutzung von Mercators Namen sind in Rupelmonde mehrfach vorhanden. Besondere Verdienste um die Pflege der Erinnerung an den Universalgelehrten kommt der Vereinigung der „Mercator Ghesellen Rupelmonde" zu, die u. a. 2012 mit großen Festveranstaltungen anlässlich des 500. Geburtstags Mercators das Gedenkjubiläum feierlich gestaltete.

Ruine des Kastells „Gravensteen", Rupelmonde
KSM

Unweit von Rupelmonde entfernt befindet sich in der Stadt Sint-Niklaas das Mercatormuseum, das eine herausragende Sammlung von Exponaten zu Gerhard Mercator besitzt. Neben zahlreichen Atlanten und diversen Einzelkarten ist besonders ein Globenpaar des Universalgelehrten hervorzuheben. Vor dem Museumseingang wurde die von dem Künstler Willy Laureys geschaffene Büste Mercators aufgestellt. Anhand des Versteigerungskatalogs zur umfangreichen Bibliothek Mercators mit etwa 1.000 Titeln in ca. 800 Bänden, die Gerhard Mercators Erben 1604 verkauften, werden vom Mercator-Museum Bücher mit theologischem, historischem, mathematischem, medizinischem oder politischem Inhalt gesammelt, aus denen der Universalgelehrte nachweislich sein umfangreiches Wissen geschöpft hat. Die im Aufbau befindliche „Bibliothecae Gerardi Mercatoris" des Museums umfasst bereits ca. 50 Bücher aus dem 16. Jahrhundert.

Büste Gerhard Mercators vor dem „Mercatormuseum", Sint-Niklaas
Gernot Tromnau

's-Hertogenbosch

Gerhard Mercator lebte in 's-Hertogenbosch dreieinhalb Jahre im Haus der „Brüder vom Gemeinsamen Leben" und wurde dort u. a. in Latein, Griechisch und den Grundlagen der Logik unterrichtet. Der sozial engagierte Reformorden widmete sich hauptsächlich der Erziehung von Knaben. Sein Lehrer Georgius Macropedius (1487–1558) hat wahrscheinlich Mercators weiteres Leben besonders nachhaltig geprägt. Aus der „Vita Mercatoris" des Walter Ghim – sie wurde ab der Erstausgabe des Atlasses von 1595 auch in den folgenden Editionen abgedruckt – wissen wir, dass Macropedius seinen Schüler Gerhard in Grammatik und Dialektik unterrichtet hat.

In 's-Hertogenbosch sucht man heute vergeblich nach sichtbaren Spuren Gerhard Mercators. In der niederländischen Stadt ist das Haus der „Brüder vom Gemeinsamen Leben" und deren Kirche mit dem Grab von Georgius Macropedius nicht mehr vorhanden.

Wahrscheinlich gibt es aber dennoch einen bemerkenswerten Hinweis auf Gerhard Mercators Aufenthalt in 's-Hertogenbosch: Das bereits erwähnte, in der „Königlichen Bibliothek Albert I." in Brüssel aufbewahrte Exemplar des Erbauungsbuchs „Cordiale de quatuor novissimis" von Gerardus de Vliederhoven aus dem 14. Jahrhundert über die „vier letzten Dinge" enthält das Porträt Mercators als junger Mann bzw. als solcher im mittleren Alter. Die „vier letzten Dinge" umfassen nach christlicher Lehre die Hoffnung auf

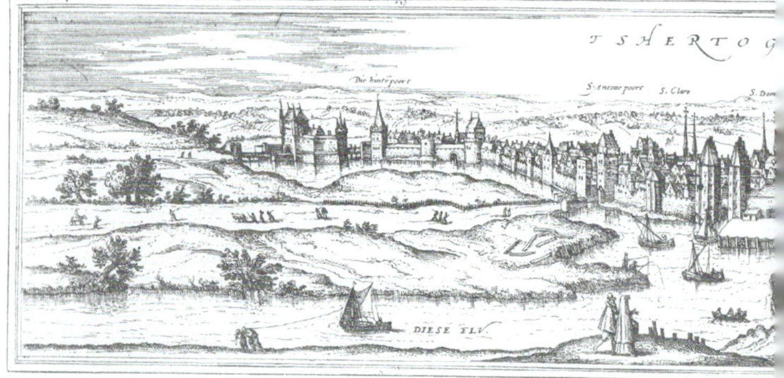

Georg Braun/Frans Hogenberg, 's-Hertogenbosch aus „Civitates Orbis Terrarum", Köln 1582
KSM/Peter Heberer

Auferstehung der Toten und auf ein ewiges Leben. Um solches zu erreichen, durchlaufen sie in der Reihenfolge: den Tod, das göttliche Gericht, den Himmel und die Hölle (Fegefeuer).

Das Erbauungsbuch wurde bald nach seiner Entstehung vom Lateinischen ins Niederländische übersetzt und erlangte eine außergewöhnlich große Verbreitung. Die Beliebtheit der Schrift in weiten gebildeten Kreisen hatte innerhalb der katholischen Kirche erheblichen Anteil an der Ausbreitung der niederländischen Reformbewegung, der auch die Ordensgemeinschaft der „Brüder vom Gemeinsamen Leben" nahestand. Sehr wahrscheinlich wird das Werk im Ordenshaus der Brüdergemeinschaft in 's-Hertogenbosch Bestandteil der Unterweisung der dort lebenden Schüler gewesen sein, zu denen ja auch Gerhard Mercator gehörte. Ein Zusammenhang zwischen dem Aufenthalt Gerhards bei den „Brüdern vom Gemeinsamen Leben" und der Abbildung in dem Erbauungsbuch ist demnach nicht von der Hand zu weisen, zumal Mercator bekanntlich sein Leben lang der religiösen Einstellung verbunden blieb, in der er von der Ordensgemeinschaft in ´s-Hertogenbosch erzogen worden war.

Philipp Galle (1537–1612), Porträt von Georgius Macropedius
gemeinfrei

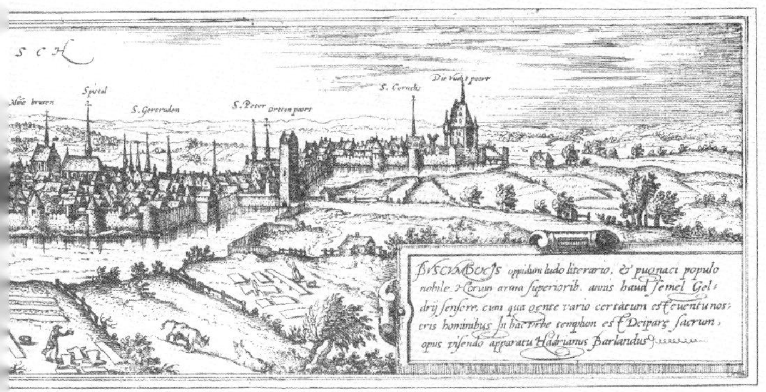

Universität Löwen

Mit achtzehneinhalb Jahren immatrikulierte sich Gerhard 1530 an der Universität Löwen in der Artistenfakultät und studierte den klassischen Fächerkanon der „Sieben freien Künste", der damals die Grundlage für das Studium in allen Fakultäten war. Er latinisierte seinen Namen und nannte sich nun „Gerardus Mercator". Der Eintrag in der Matrikel der Universität Löwen „De Ram, Codex vetus statutorum academiae Lavanionsis" erfolgte am 29.8.1530. Dort wird er als „Gerardus Mercator de Repelmunda, Trajecten" bezeichnet und der Gruppe der „Pauperes ex Castro", den armen Personen, zugeordnet, die nicht in den Räumlichkeiten der Löwener Burganlage leben konnten. Möglicherweise wurden ihm damals die Gebühren seitens der Universität erlassen. Bereits im Herbst 1532 verließ er mit dem Erwerb des Universitätsgrades eines Magister Artium[57] die Hochschule, was allerdings in der Matrikel der Löwener Universität nicht vermerkt ist. Zu der Zeit war es allerdings nicht üblich, einen solchen Titel zu erwerben, da dieser lediglich für eine angestrebte akademische Laufbahn Vorbedingung war. Viele Studenten verließen deshalb die Universität als „baccalaurii" ohne einen erworbenen Universitätsgrad. Für kurze Zeit hielt sich Mercator anschließend in Antwerpen auf, kehrte aber bereits 1534 wieder nach Löwen zurück.

Matrikel der Universität Leuven mit dem Eintrag Gerhard Mercators
Gemeinfrei

Huis 't Sestich. Ältestes Gebäude der Universität Löwen
Sally V, CC BY-SA 4.0

57 Vgl. Anm. 3, S. 247.

Antwerpen

In Antwerpen erinnert der Name des „Mercator-Orteliushuis" an die beiden großen flämischen Kartographen des 16. Jahrhunderts Gerhard Mercator und Abraham Ortelius. Letzterer wohnte in der Straße, in der das Gebäude steht. Es diente vom 15. bis zum 20. Jahrhundert als Wohnhaus für wohlhabende Bürger und beherbergte für kurze Zeit die „Königliche Erdkunde-Gesellschaft". Wo Gerhard Mercator bei seinem verhältnismäßig kurzen Aufenthalt in Antwerpen wohnte und was er dort machte, ist leider nicht bekannt.

Gedenkmedaille an Gerhard Mercator und Abraham Ortelius, 1872
KSM

Weitere Hinweise zum Universalgelehrten finden sich im „Museum Plantin-Moretus". Hier sind u. a. die Druckerei mit den beiden ältesten noch erhaltenen Druckerpressen der Welt (um 1600), der Raum zur Aufbewahrung der verschiedenen Lettern und der alte Buchladen zu besichtigen. Mit Christoffel Plantin (ca. 1520–1589) und seinen Nachkommen stand Mercator bis zu seinem Lebensende in reger geschäftlicher Beziehung. Zwar ließ er seine Karten nicht bei Plantin in Antwerpen drucken, nutzte aber dessen hervorragende Kontakte auf Buchmessen. Somit fungierte Plantin für Mercator als Verleger, über den er seine Werke wie die Weltkarte von 1569, die Globen und Wandkarten verkaufte. Hierüber gibt es in den Geschäftsbüchern des Verlags, die in dem umfangreichen Archiv erhalten geblieben sind, sehr detaillierte Angaben. Vorhandene Rechnungen weisen z. B. aus, dass Gerhard

Philipp Galle, Porträt von Abraham Ortelius, ab 1579 in Ortelius „Theatrum Orbis Terrarum"
KSM

Karte Belgii Veteris aus dem „Theatrum Orbis Terrarum" von Abraham Ortelius, 1584
KSM

Mercator innerhalb von 10 Jahren über das Verlagshaus Plantin 18 Globenpaare und 884 Kartendrucke verkaufen konnte, was ihm die stattliche Summe von 1.328 Goldgulden eingebracht hat. U. a. konnten bis 1566 von der ersten Auflage der Europa-Wandkarte von 1554 über 200 Stück verkauft werden, was für die damalige Zeit als ein beachtlicher Erfolg zu werten ist. Von der berühmten, in der „Mercator-Projektion" gefertigten Weltkarte von 1569

Plantin-Moretus-Museum in Antwerpen
Universitaire Bibliotheken Leiden Bibliotheca Publica Latina, CC BY-SA 4

wurden durch Plantin ca. 300 Exemplare vertrieben. Von dem Verkaufserlös seiner Karten und Globen erwarb Mercator bei seinem Verleger etliche Bücher für die eigene umfangreiche Bibliothek.

Büste Christoph Plantins im Innenhof des Plantin-Moretus-Museums, Antwerpen
KSM

Im „Museum Plantin-Moretus" wird u. a. eine Urkunde mit dem Siegel von Philipp II. aufbewahrt, die sich auf den Druck und den Verkauf der 2. Auflage der Europawandkarte Mercators von 1572 bezieht. Das Plantin zuerkannte Privileg galt für 15 Jahre und schützte dieses aus 15 Blättern bestehende Werk von 132 x 159 cm in den Niederlanden vor Raubdrucken.

Georg Braun/Frans Hogenberg, Antwerpen aus „Civitates Orbis Terrarum", Köln 1572
KSM/Peter Heberer

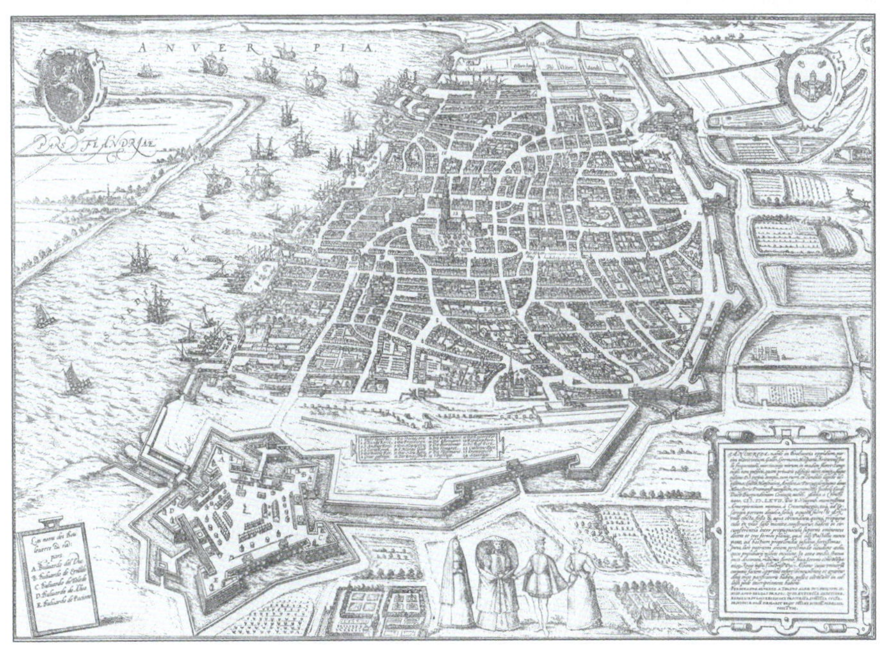

Georg Braun/ Frans Hogenberg, Löwen aus „Civitates Orbis Terrarum“, Köln 1581
Gemeinfrei

Löwen

Im Jahre 1534 kehrte Gerhard Mercator nach Löwen zurück und war bis 1537 Mitarbeiter bei seinem ehemaligen Universitätslehrer Gemma Frisius. Belegt ist, dass er an der Erstellung von dessen Erd- und Himmelsgloben beteiligt war. Schon bald waren seine eigenen Arbeiten sehr begehrt und begründeten seinen Ruhm als hervorragender Kartograph. Insbesondere die Anfertigung seiner Erd- und

Schrijnmakersstraat in Löwen
OpenStreetMap

Himmelsgloben waren für ihn eine beachtliche Einnahmequelle. Die handwerklichen Fähigkeiten in Verbindung mit der mathematischen Begabung und den Bemühungen um einen hohen Grad an Genauigkeit waren ausschlaggebend für Mercators Ruf als bester Instrumentenbauer seiner Zeit. Deshalb erhielt er sogar entsprechende Aufträge vom kaiserlichen Hof.

Gerhard Mercator lebte mit seiner Ehefrau, der Löwener Bürgerstochter Barbara Schellekens, und den gemeinsamen sechs Kindern – Arnold, Emerentia, Bartholomäus, Dorothea, Rumold und Katharina – in der Nähe der Löwener Universität in der Schrijnmakersstraat/Schrènsstroot.

An der zwischen 1852 und 1907 mit 236 Figuren geschmückten Fassade des alten Rathauses in Löwen, dem sogenannten „Löwener Pantheon", hat ihn François Julien Courroit um 1900 mit einem Globus in den Händen dargestellt.

Im mittelalterlichen Rathaussaal der Stadt ist der Universalgelehrte in andächtiger Haltung mit der Kopfbedeckung in den Händen als Zuhörer auf einem großen Fresko zu sehen. Darüber hinaus wurde am „Mercatorpad" im Jahre 2001 ein Denkmal für ihn aufgestellt, das der Künstler Raoul Biront gestaltet hat.

Mercator-Denkmal in Löwen
FrDr, CC BY-SA 4.0

Duisburg

Gerhard Mercator verbrachte von 1552 bis zu seinem Tod im Jahre 1594 mehr als sein halbes Leben in Duisburg. Leider wissen wir nicht, wo er anfangs dort wohnte und eine Werkstatt einrichten konnte.

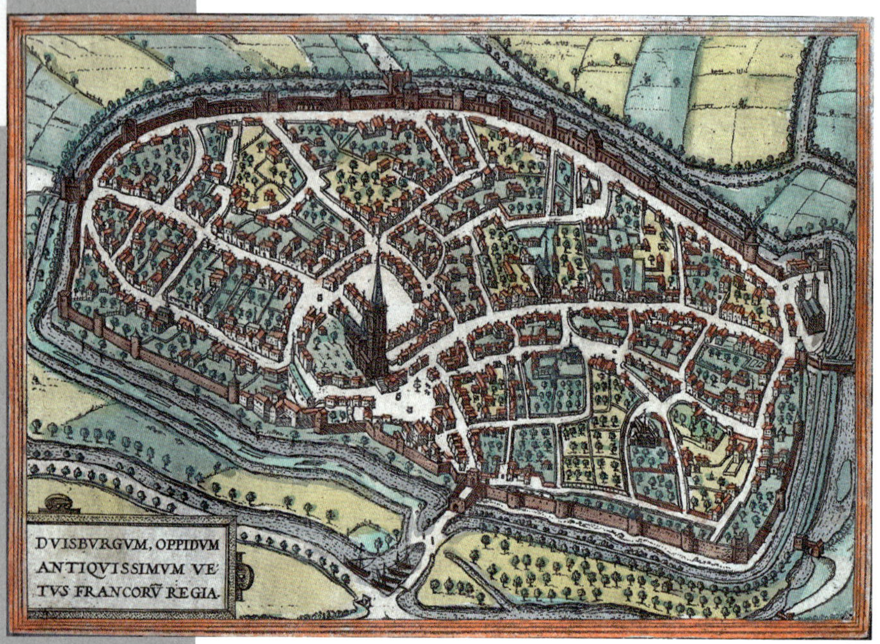

Duisburger Stadtplan aus dem Städteatlas „Civitates Orbis Terrarum" von Georg Braun und Frans Hogenberg, 1588
KSM

In der Stadt ist der Name des Universalgelehrten allgegenwärtig. Er ist fast durch das gesamte Alphabet zu verfolgen – von der „Mercator-Apotheke" bis zur „Mercator-Werbung" – und umfasst die unterschiedlichsten Bereiche wie z. B. das als „Mercator-Orgel" bezeichnete Instrument mit vier Manualen und 72 Registern in der „Philharmonie Mercatorhalle", das „Mercator-Ensemble" der Duisburger Philharmoniker, das geplante „Mercator-Quartier" an der Oberstraße, die „Mercator-Insel" im Hafenbereich, den „Mercator-Tunnel" am Hauptbahnhof auf der Stadtautobahn und den Namen

Mercator-Zigarren
KSM

eines Fahrgastschiffes für Hafenrundfahrten. Die Bezeichnung für Bauwerke in Duisburg wurde sogar zweimal vergeben! So findet man in der Königstraße, gegenüber der Einmündung der „Mercatorstraße", das „Mercatorhaus", und ein Gebäude mit demselben Namen steht an der Lotharstraße auf dem Gelände der Universität gegenüber der Einmündung der Holteistraße.

Das markanteste Erinnerungsstück an den Universalgelehrten ist in Duisburg der 1878 vor dem Rathaus eingeweihte „Mercatorbrunnen" mit dem Standbild Mercators. Glücklicherweise hat es, wie durch ein Wunder, die zahlreichen verheerenden Bombenangriffe auf die Stadt während des Zweiten Weltkriegs fast unbeschadet überstanden und

Josef Anton Reiss, Gesamtansicht des Mercatorbrunnens vor dem Duisburger Rathaus, aufgestellt 1878
KSM

befindet sich an dem ursprünglichen Standort auf dem Burgplatz. Mercator ist dort in der Tracht seiner Zeit zu sehen und steht auf einem mit vier Putten verzierten Sockel über einem Wasserbecken. Die kleinen Skulpturen zu seinen Füßen sind mit Symbolen für die Schifffahrt, die Wissenschaft, den Handel und das Gewerbe dargestellt. Diese Bereiche haben in Duisburg zumindest vom Beginn der Neuzeit bis zur Gegenwart indirekt vom Lebenswerk des Universalgelehrten profitieren können. Die auf vier Feldern platzierten Inschriften am Denkmal weisen neben dem gängig benutzten Geburtsnamen „Gerhard Mercator" auf den Zeitraum 1552–1594 hin, in dem der Universalgelehrte bis zu seinem Tod in Duisburg gelebt hat.

Im ersten Stockwerk des Rathauses befindet sich das „Mercatorzimmer", in dem u. a. Ehrungen – wie die Verleihung der „Mercatorplakette" oder der „Mercatornadel" – an Persönlichkeiten, die sich besonders um das öffentliche Wohl der Stadt verdient gemacht haben, vorgenommen werden.

Am 2. Dezember 1594 starb der Universalgelehrte im Alter von 82 Jahren in seinem Haus an der Oberstraße und wurde in der Salvatorkirche beigesetzt. Seine Angehörigen ließen für ihn eine große Gedenktafel aus schwarzem Schiefer anfertigen, die – im Gegensatz zur Familiengruft – noch erhalten ist. Sie ist heute in der Südkapelle der Kirche neben

Postkarte mit dem Duisburger Rathaus, 1. Hälfte des 20. Jhs.
KSM

dem Epitaph für Johannes Clauberg, dem ersten Rektor der 1655 gegründeten Duisburger Universität, angebracht. Der Theologe Johannes Clauberg verstarb bereits mit 42 Jahren. Er war von 1652 bis zu seinem Tod 1665 mit einer Urenkelin Mercators, Katharina, verheiratet. Die Erinnerungstafel für Gerhard Mercator ist mit einer Armillarsphäre – einem astronomischen Gerät zur Darstellung der Hauptthimmelskreise – als Familienwappen, dem Bildnis des Universalgelehrten als alter, kranker Mann und einem langen in lateinischer Sprache verfassten Text zu seinem Lebensweg und -werk versehen.

Auf dem ehemaligen Grundstück Mercators an der Oberstraße waren bis 1927 das Wohnhaus und bis zur kriegsbedingten Zerstörung im Jahre 1943 die Toreinfahrt zum Wohnkomplex erhalten geblieben. Bei der nachkriegszeitlichen Neubebauung mit einem Schulzentrum wurde dort eine in Bronze gegossene Erinnerungstafel angebracht, die – ebenso wie ein großes Intarsienwandbild von Duisburg mit der dominanten Darstellung Mercators in der Schulaula – beim Abbruch der Gebäude für das geplante „Mercatorviertel" an der Oberstraße/Gutenbergstraße entfernt und eingelagert wurde.

Toreinfahrt zu Mercators Haus in der Oberstraße Duisburgs, 1943 bei einem Bombenangriff zerstört
KSM

In der vollklimatisierten „Mercator–Schatzkammer" des Kultur- und Stadthistorischen Museums werden die wichtigsten Werke Mercators – größtenteils im Original – präsentiert. Besonders hervorzuheben sind das Globenpaar, bestehend aus dem Erdglobus von 1541 und dem Himmelsglobus von 1551, mehrere Ausgaben von Atlanten, wissenschaftliche Schriften des Universalgelehrten und die zeitgleiche Abschrift seines vermutlich letzten Briefes vom 4. Juni 1593. In diesem erläutert Gerhard Mercator seinem Freund Johannes Vivianus u. a. den geplanten Aufbau seiner Kosmographie.

Blick in die „Mercator-Schatzkammer" im Kultur- und Stadthistorischen Museum Duisburg
KSM/Andrea Gropp

1990 stiftete der Verkehrsverein Duisburg ein Bronzerelief, das nach dem von Johannes Corputius 1566 erstellten Plan der Stadt Duisburg angefertigt wurde. Dieser älteste Stadtplan Duisburgs ist das einzige heute noch erhaltene Exemplar und wird im Kultur- und Stadthistorischen Museum aufbewahrt. Das Bronzerelief steht in unmittelbarer Nähe des Museums auf dem Johannes-Corputius-Platz vor der restaurierten Stadtmauer am Innenhafen. Auf ihm ist auch das ehemalige Wohnhaus Mercators an der Oberstraße dargestellt. Bei neueren Ausgrabungen im Zuge der geplanten Bebauung des sogenannten „Mercatorviertels" wurde u. a. das Kellergeschoss von Mercators Wohnhaus freigelegt. Es ist beabsichtigt, auf den alten Fundamenten des Gebäudes das „Mercatorhaus" als Rekonstruktion zu errichten, wie es auf dem Stadtplan von 1566 abgebildet ist.

Bronzerelief nach dem Stadtplan Duisburgs von 1566 auf dem Johannes-Corputius-Platz in Duisburg
KSM

In der Bibliothek der „Universität Duisburg-Essen", Campus Duisburg, ist in einer Vitrine neben drei Atlanten mit Mercatorkarten ein Sammelband ausgestellt, der eine handschriftliche Widmung des Universalgelehrten an den Kölner Bürgermeister Constantin von Lyskirchen enthält. Diese sensationelle Erwerbung erfolgte 1994 im Zusammenhang mit der Umbenennung der Universität in „Gerhard-Mercator-Universität – Gesamthochschule Duisburg" anlässlich des 400. Todestages von Gerhard Mercator. Leider wurde bei der Fusion der Universitäten von Essen und Duisburg dieser Name in „Universität Duisburg-Essen" geändert. An die nur kurze Episode „Mercator-Universität" erinnert u. a. eine 11 cm x 9 cm große, rechteckige, von W. Fremuth gestaltete Plakette aus Glockenbronze, die anlässlich des 400. Todestages Mercators vom Fachbereich 8 – Gießereitechnik – der Universität hergestellt wurde.

Gedenkplakette aus Glockenbronze des Fachbereichs Gießereitechnik der Gerhard-Mercator-Universität – Gesamthochschule Duisburg anlässlich der Namensgebung der Universität am 19. März 1994, nach einem Entwurf von W. Fremuth, 1994
KSM

„Hommage à Mercator" hat der Düsseldorfer Künstler Friedrich Werthmann seine im Durchmesser übermannsgroße, aus Stahlplatten zusammengesetzte Kugel genannt. Nachdem sie 2005 dem Neubau des „City-Palais" auf der Königstraße weichen musste, wurde sie gegenüber dem Schäferturm an der Gutenbergstraße aufgestellt. Ihr ursprünglicher Standort war vor der ehemaligen Mercatorhalle am König-Heinrich-Platz. Das Kunstwerk entstand im Rahmen eines Wettbewerbs zum „Mercatorjahr 1962" anlässlich des 450. Geburtstags des Universalgelehrten.

In der Nähe der Duisburger Synagoge am Innenhafen weist eine große, aus Edelstahl gefertigte Erdkugel ebenfalls auf Mercator hin. Zwei ähnlich gestaltete Plastiken befinden sich im lichtdurchfluteten Eingangsbereich des nahe gelegenen Kultur- und Stadthistorischen Museums und auf der Innenfläche eines Kreisverkehrs im Verlauf der Düsseldorfer

„Hommage à Mercator" von Friedrich Werthmann, 1962, aus Stahlplatten zusammengesetzte, übermannsgroße Kugel, aufgestellt in Duisburgs Innenstadt am Kuhlenwall gegenüber dem Schäferturm
Uwe Köppen/Stadt Duisburg

Straße in Huckingen an der Stadtgrenze von Duisburg zu Düsseldorf. Diese sollen – neben der Weltoffenheit Duisburgs mit seinem in Europa größten Binnenhafen und der bedeutenden Stahlindustrie – an die herausragenden Leistungen des Universalgelehrten erinnern.

Auf der Suche nach den Spuren Gerhard Mercators lohnen sich auch Einblicke in die kartographischen Sammlungen verschiedener Museen, Archive und Bibliotheken. Dort finden sich oft noch wahre Schätze, die zum Teil nur unzureichend erschlossen sind. So wurde die Edition der Korrespondenz und Übersetzung des Briefwechsels Mercators seit 2013 von Nils Bennemann von der Universität Duisburg-Essen erneut vorgenommen. Dieses Projekt wurde von der „Stiftung Mercator GmbH" mit Sitz in Essen maßgeblich gefördert.

Logo der Mercator-Gesellschaft Duisburg
Mercator-Gesellschaft

Seit 1950 besteht in Duisburg die „Mercator-Gesellschaft – Verein für Geschichte und Heimatkunde e. V. Duisburg", die sich ihrem Namenspatron verpflichtet fühlt und zusammen mit dem Duisburger Stadtarchiv die Schriftenreihe „Duisburger Forschungen" – mit derzeit 63 Bänden und 16 Beiheften – herausgibt. Sie ist maßgeblich an der Durchführung der „Mercator Matinéen" im Kultur- und Stadthistorischen Museum Duisburg beteiligt. Unter der Federführung von Wilfried Schaus-Sahm wurden seit 2012 jährlich jeweils acht wissenschaftliche Vorträge zu verschiedenen Rahmenthemen mit einem Bezug zu dem Universalgelehrten Gerhard Mercator von namhaften Referenten gehalten. Diese finden in zunehmendem Maße weit über die Grenzen Duisburgs hinaus große Beachtung.

An der Universität Duisburg-Essen wird mit der Vergabe der „Mercator-Professur" ebenfalls an den Universalgelehrten erinnert. Diese Auszeichnung wurde 1997 aus Anlass des 25-jährigen Bestehens der Universität in Duisburg eingerichtet und jährlich an kompetente und öffentlichkeitswirksame Persönlichkeiten verliehen, deren Vorlesungen im Rahmen einer Gastprofessur relevante Themen aus dem gesellschaftlichen und kulturellen Leben behandeln.

Globus am sogenannten „Weltmeisterkreisel" in Duisburg-Huckingen
AlterVista, CC BY-SA 3.0

Darüber hinaus veranstaltete die Universität von 1992 bis 1997 fünf „Mercator-Symposien" und publizierte die dabei gehaltenen Referate in einer Reihe mit dem Titel „Duisburger Mercator-Studien". Die Symposien hatten folgende Themen zum Inhalt:

1. Mercator und Wandlungen der Wissenschaften im 16. und 17. Jahrhundert
2. Mercator – ein Wegbereiter neuzeitlichen Denkens
3. Mercator und die geistigen Strömungen des 16. und 17. Jahrhunderts
4. Der „mathematicus" – Zur Entwicklung und Bedeutung einer Berufsgruppe in der Zeit Gerhard Mercators
5. Zur Geschichte der Universität – Das „Gelehrte Duisburg" im Rahmen der Allgemeinen Universitätsentwicklung

Verschiedenes

Gedenkmedaille zum 450. Geburtstag Gerhard Mercators, herausgegeben von der Stadt Duisburg, Münzgold, 1962
KSM

Im „Mercatorjahr 1962", das anlässlich von Gerhard Mercators 450. Geburtstag auch in Duisburg mit zahlreichen Veranstaltungen gefeiert wurde, ließ die Stadt Duisburg eine goldene Gedenkmedaille prägen, die an 30 Persönlichkeiten, darunter an den Staatspräsidenten von Frankreich General de Gaulle und den Lord Mayor der Patenstadt Duisburgs, Portsmouth, Counc. Bateson, verliehen wurde.

Anlässlich des 500. Geburtstags des Universalgelehrten gab die Stadtsparkasse Duisburg 2012 eine Mercator-Medaille in Gold und Silber heraus. Die Silber-Edition umfasste 500 Exemplare, und die Gold-Edition wurde auf 50 Stück limitiert. Wie bereits die Medaille von 1962, so zeigt auch die Vorderseite das Porträt Mercators und die Rückseite das Stadtwappen Duisburgs.

Über Mercators Familie ist wenig bekannt. Lediglich die Namen, Geburts- und Sterbedaten der beiden Ehefrauen Barbara Schellekens und Gertrud Vierlings, seiner sechs Kinder mit den entsprechenden Ehepartnern und einiger Enkel sind überliefert. Sie sind in dem Standardwerk über den Universalgelehrten von H. Averdunk / J. Müller-Reinhard in einer

„Stammtafel" aufgelistet.[58] Darüber hinaus hat sich Heinrich Averdunk ausführlicher in seiner Publikation „Die Nachkommen des Geographen Gerhard Mercator" mit dem Geschlecht des Universalgehrten beschäftigt und im Anhang zu dieser Schrift drei Stammtafeln erstellt.[59]

Von dem Urenkel Gerhard Mercators, Rumold Mercator, der in Duisburg 1630 zum Stadtsekretär und Gerichtsschreiber gewählt worden war, stammt eine von ihm ausgestellte Urkunde aus dem Jahr 1650. Diese bezieht sich auf die Familie von Volden, die mehrfach Bürgermeister in Duisburg gestellt hat. Nach einem Aufsatz von F. Burkart in der Essener Volkszeitung vom 28. November 1940[60] wurde das Dokument um 1920 in Antwerpen erworben und befand sich noch 1940 beim Duisburger Stadtbürodirektor Saeger. Über den weiteren Verbleib der Urkunde ist leider nichts mehr bekannt.

Anlässlich der großen Ausstellung im Gedenkjahr zum 400. Todestag Gerhard Mercators 1994 und bei der Eröffnungsveranstaltung „500 Jahre Gerhard Mercator und der blaue Planet" im Mercatorjahr 2012 wurden einige Mitglieder der Familien König und Winter, die ihre Abstammung auf Gerhard Mercator zurückführen können, vom Kultur- und Stadthistorischen Museum Duisburg eingeladen. Nach Aussage von Fritz König aus Halwer liegen zwischen den heute lebenden Nachkommen und Gerhard Mercator etwa 15 Generationen. Einige der Nachfahren des Universalgelehrten sind in Dortmund, Witten, Halwer und Hergensweiler ansässig und betreiben z. T. intensive Ahnenforschung.

Benutzer von Google wunderten sich vermutlich, als sie am 5. März 2015 auf der Startseite des Unternehmens Gerhard Mercator mit dem Stechzirkel in der Hand vor einem Globus sitzend abgebildet sahen. Eine der weltweit größten Suchmaschinen ehrte mit diesem Hinweis den bedeutenden Universalgelehrten an seinem 503.(!) Geburtstag. Google wird

58 Vgl. Anm. 17, S. 178
59 Heinrich Averdunk; J. Müller-Reinhard: Gerhard Mercator und die Geographen unter seinen Nachkommen. Gotha 1914.
60 Dr. med. F. Burkart, Essener Volkszeitung vom 28. November 1940, Ausgabe Duisburg, Sonderblatt: Mitteilungen des Vereins für Heimatkunde Duisburg.

täglich von vielen Millionen Menschen genutzt, und dementsprechend groß war die Beachtung des Bildes.

In Rupelmonde, dem Geburtsort Gerhard Mercators, wird der Name des Universalgelehrten insbesondere durch die ehrwürdige Gesellschaft der „Mercator-Ghesellen-Rupelmonde" in hohen Ehren gehalten. Durch regelmäßige eigene Veranstaltungen pflegt man dort die Erinnerung an den berühmten Sohn der Gemeinde. Die Mitglieder der Vereinigung treten dann bei Umzügen oder szenischen Darstellungen öffentlich in historischen Kostümen auf, was weit über die Grenzen des Ortes größere Beachtung findet. Ein Höhepunkt hierbei war das Mercatorjahr 1994, das unter der Schirmherrschaft des belgischen Königs Baudouin als Botschafter für Kultur von Flandern (Cultureel Ambrassadeur van Vlaandere) gefeiert wurde.

Orden der „Mercator Ghesellen Rupelmonde" KSM

Im Gegensatz zu Belgien, wo Mercator seit der Staatsgründung im Jahre 1830 nationale Wertschätzung genießt, findet er in Deutschland – abgesehen von Duisburg und Gangelt – vergleichsweise wenig Beachtung. Außerhalb der Orte, in denen Mercator gelebt und gewirkt hat, sind nur selten Hinweise auf den Universalgelehrten der Frühen Neuzeit zu finden. Es ist somit symptomatisch, dass die Bundespost anlässlich des 500. Geburtstags Gerhard Mercators 2012 eine Sonderbriefmarke im Wert von 220 Cent herausgegeben hat, die zwar bei Briefmarkensammlern bekannt ist, aber im normalen Postverkehr kaum eine Rolle spielte und somit nur in Ausnahmefällen, wie bei Maxibriefen bis 2.000 Gramm, Verwendung fand.

Sonderbriefmarke im Wert von 220 Cent, herausgegeben am 5. März 2012 von der Bundespost Deutschland anlässlich des 500. Geburtstags von Gerhard Mercator KSM

Antiquiert oder noch aktuell?

Gerhard Mercators Leistungen aus heutiger Sicht

Gerhard Mercators Werke, wie seine Karte des Heiligen Landes von 1537, die Chronologia von 1569 oder die 1538 entworfene kleine Weltkarte in doppelherzförmiger Projektion, sind zwar aus heutiger Sicht „antiquiert", waren aber zu Beginn der Neuzeit hochaktuell und hatten z. T. eine „Vorbildfunktion" für die Zeitgenossen des Universalgelehrten und die nachfolgenden Generationen von Wissenschaftlern. Somit sollte heute und auch in Zukunft das Gesamtwerk Gerhard Mercators vor dem Hintergrund seiner Zeit gesehen und nicht zu den „alten Akten" gelegt werden. Gerhard Mercator hat nicht nur das ihm zugängliche Wissen seiner Zeit gesammelt, sondern es mit dem seiner „Vordenker" verbunden, um es zu einem neuen großen kosmographischen System zusammenzufügen. Eine seiner großen Leistungen sind die einheitlichen Maßstäbe auf seinen Atlaskarten. Aktuell und von besonderer Bedeutung bleibt sein Lebenswerk für die moderne Kartographie, die unser gegenwärtiges globales Denken nachhaltig geprägt hat. Die von dem Universalgelehrten entwickelte geniale Projektion eines Kartennetzentwurfs, die er 1569 für den „Gebrauch der Seefahrer" entworfen hatte, findet heute nicht nur in der Schifffahrt, sondern auch in der Luft- und Raumfahrt Verwendung. So werden die Bahnen von Satelliten um die Erde in den Raumfahrtkontrollzentren mithilfe der Mercator-Projektion dargestellt. Auch wird sie z. B. für die Erstellung von Stadtplänen von den Kartendiensten benutzt. Unstrittig ist, dass sie zu den wichtigsten Projektionen zählt, die je entwickelt wurden.[61] Das GPS

Erde aus dem All gesehen
NASA

61 Ingrid Kretschmer, Die Eigenschaften der „Mercatorprojektion" und ihre heutige Anwendung. In: Irmgard Hantsche (Hrsg.), Mercator – ein Wegbereiter neuzeitlichen Denkens, Duisburger Mercatorstudien, Band 2, Bochum 1994, S. 141–169, hier S. 162.

Gerhard Mercator, gezeichnet von Martin Lersch, 2012 KSM

und andere moderne Navigationsgeräte fußen ebenfalls auf der Mercator-Projektion. Der Name Gerhard Mercators wird auch zukünftig sowohl mit dem Begriff „Atlas", als auch insbesondere mit seiner nach ihm benannten genialen Projektion, der „Mercator-Projektion", verbunden bleiben.

Der Universalgelehrte genießt nicht nur in seinen ehemaligen Aufenthaltsorten eine Wertschätzung, sondern er wird auch an anderen Stellen hoch in Ehren gehalten. So wurde z. B. bereits 1935 ein Einschlagkrater auf der Vorderseite des Mondes nach ihm benannt, und eine der heute bedeutendsten Stiftungen in Deutschland, die „Stiftung Mercator" mit Sitz in Essen, trägt seinen Namen. Sie wurde 1996 von dem ehemals in Duisburg ansässigen Unternehmen der Familie Schmidt-Ruthenbeck gegründet, hat gegenwärtig ein äußerst großes Stiftungskapital und beschäftigt zahlreiche hauptamtliche Mitarbeiter. In Anlehnung an Gerhard Mercator fühlt sie sich dem Universalgelehrten zur Toleranz und zum Wissensaustausch verpflichtet und fördert insbesondere Projekte mit Zielsetzungen in den Bereichen der kulturellen Bildung, der Integration, dem Zusammenwachsen Europas und den Problemen des besorgniserregenden Klimawandels.

Josef Anton Reiss, Detail des Mercatorbrunnens vor dem Duisburger Rathaus, 1878 KSM

Verzeichnis der vom Autor publizierten ursprünglichen Texte zu Gerhard Mercator

- Götzen, Mythen, Kannibalen – „Ethnographische" Darstellungen im Kartenwerk Gerhard Mercators. In: Begleitband zur Ausstellung „Verfolgt, geachtet, universal – Gerhard Mercator, Europa und die Welt", Kultur- und Stadthistorisches Museum Duisburg, Duisburg 1994, S. 173–182.
- Gerhard Mercator zum 400. Todesjahr. In: Duisburger Journal 3, 1994, S. 3–5.
- Anmerkungen zu „ethnographischen Darstellungen" auf Gerhard Mercators Weltkarte von 1569. In: Hans H. Blotevogel und Rienk Vermij, Gerhard Mercator und die geistigen Strömungen des 16. und 17. Jahrhunderts, Duisburger Mercator-Studien, Band 3, Bochum 1995, S. 103–118.
- Zum Erwerb des letzten (?) Briefwechsels Gerhard Mercators. In: Duisburger Forschungen, Band 43, Duisburg 1997, S. 21–22.
- Gerhard Mercator (1512–1594), Erdglobus, Löwen 1541. In: Zeitenwenden – Rückblick, Ausstellungskatalog Kunst- und Ausstellungshalle der Bundesrepublik Deutschland, 4. Dezember 1999 bis 30. April 2000, Köln 1999, S. 188–189.
- Globen, Karten und Atlanten. In: Am Anfang war ... Kostbarkeiten aus dem alten Duisburg, Duisburg 2002, S. 76–89.
- Gerhard Mercators Darstellungen des Nordpolargebiets. In: Schiffe im Eismeer – Gerhard Mercator und die moderne Arktisforschung, Begleitband zur Ausstellung im Kultur- und Stadthistorischen Museum Duisburg, 24. November 2002 – 16. März 2003, Duisburg 2002, S. 14–23.
- Die wohlgefällige Germania – Anmerkungen zum Titelblatt der „Germaniae tabulae geographicae" Gerhard Mercators von 1585. In: Duisburger Forschungen, Band 51, Duisburg 2004, S. 221–224.
- Gerardus Mercator 1512–1594. In: Die Welt des Gerhard Mercator – Karten, Atlanten und Globen aus Duisburg, Duisburg 2006, S. 8–15.

- Anstöße für Entdeckungsfahrten durch Gerhard Mercator. In: Die Welt des Gerhard Mercator – Karten, Atlanten und Globen aus Duisburg, Duisburg 2006, S. 56–64.
- Neuerwerbungen für die Mercator-Sammlung des Kultur- und Stadthistorischen Museums. In: Die Welt des Gerhard Mercator – Karten, Atlanten und Globen aus Duisburg, Duisburg 2006, S. 81–93.
- Mercator und das heutige Duisburg. In: Die Welt des Gerhard Mercator – Karten, Atlanten und Globen aus Duisburg, Duisburg 2006, S. 94–109.
- Aufbruch in die Neuzeit. Gerhard Mercator – Leben und Werk. Zeitlupe: Mercatorjahr 2012, Kultur- und Stadthistorisches Museum Duisburg 2012, S. 4–30.
- Gerhard Mercators Porträt auf dem Stadtplan Duisburgs von Johannes Corputius? In: Duisburger Forschungen, Band 59, Duisburg 2013, S. 253–259.
- Anmerkungen zur Erstellung von Gerhard Mercators Karten. In: Duisburger Forschungen, Band 59, Duisburg 2013, S. 223–235.
- Gerhard Mercators Deutschlandkarte. In: Duisburger Forschungen, Band 59, Duisburg 2013, S. 237–244.
- Rückblick der Mercator-Gesellschaft auf das „Mercatorjahr 2012". In: Duisburger Forschungen, Band 59, Duisburg 2013, S. 349–353.
- Duisburg – die Mercator-Stadt. Gerhard Mercator – eine Duisburger Identität. In: Duisburger Forschungen, Band 61, Essen 2016, S. 183–194.
- Gerhard Mercators Meisterleistung – Die geniale Weltkarte mit wachsenden Breitengraden von 1569. In: Zeitlupe: Sagenumwoben – Goldstädte, Paradiesorte und ferne Welten, Kultur- und Stadthistorisches Museum Duisburg 2019, S. 6–7.
- Spurensuche – Gerhard Mercator. In: Duisburger Forschungen, Band 63, Essen 2021, S. 357–400.
- Mercator und die Altertumskunde. In: Duisburger Forschungen, Band 63, Essen 2021, S. 335–355.
- Anmerkungen zu den Epitaphen Gerhard Mercators und Johannes Claubergs im südlichen Nebenchor der Salvatorkirche in Duisburg. In: Duisburger Forschungen, Band 63, Essen 2021, S. 401–415.

Inschrift auf dem Epitaph Gerhard Mercators in der Duisburger Salvatorkirche

Dem Allgültigen Allmächtigen Gott geweiht. Gerhard Mercator liegt hier begraben, stammend aus dem Jülicher Land, geboren zu Rupelmonde in Flandern am 5. März 1512, Hofrat des römischen Kaisers Karl V., Kosmograph des klevisch-jülichen Herzogs Wilhelm und seines Sohnes Johann Wilhelm. Er war bei weitem der erste Mathematiker seiner Zeit, der auf kunstvollen, sorgfältig ausgemessenen Globen den Himmel und die Erde von innen und außen, soweit es möglich war, dargestellt hat. Er war durch mannigfaltige Gelehrsamkeit, besonders in der Theologie, berühmt, durch Frömmigkeit, Unbescholtenheit im Leben und Wandel, durch freundliches Wesen bei Gott und den Menschen beliebt. Er war zweimal verheiratet. Seine erste tugendhafte und aus Löwen stammende Frau Barbara Schellekens ist bei ihrem Mann begraben. Sie gebar ihm drei Söhne und ebensoviele Töchter. Aus seiner zweiten Ehe aber mit Gertrud Virlings hatte er keine Kinder. Im Jahre 1552 kam er von Löwen nach Duisburg, um hier zusammen mit seiner Frau zu wohnen, wo er dann im Jahre 1594 am 2. Dezember im Alter von 82 Jahren starb.
Zur Erinnerung und aus Dankbarkeit haben die Erben dieses Denkmal errichtet.

Übersetzung G. v. Roden, Duisburger Forschungen 4, 1961, S. 56

Herausgeber
Kultur- und Stadthistorisches Museum der Stadt Duisburg
Mercator-Gesellschaft | Verein für Geschichte und Heimatkunde e. V.

Autor
Dr. Gernot Tromnau

Redaktion
Dr. Andrea Gropp, Ferdinand Leuxner M. A., Ruth Löffler M. A.

Korrektorat
Susanne Nagels

Layout
media team, Duisburg

Druck
AZ Druck, Kempten

Titelbild
KSM, Peter Heberer

Die Deutsche Nationalbibliothek verzeichnet diese Publikation in der Deutschen Nationalbibliografie; detaillierte bibliografische Daten sind im Internet über http://dnb.dnb.de abrufbar.

ISBN 978-3-946895-48-0